社会科学研究方法系列丛书

Qualitative Social Research
Contemporary Methods for the Digital Age

Vivienne Waller
Karen Farquharson
Deborah Dempsey

如何理解质性研究

[澳]维维恩·沃勒　卡伦·法夸尔森　德博拉·登普西 / 著
刘婷婷 / 译

中国人民大学出版社
·北京·

作者简介

维维恩·沃勒（Vivienne Waller）是斯威本科技大学的社会学讲师，研究兴趣涉及知识、环境与技术以及更广泛的研究方法领域。维维恩拥有澳大利亚国立大学的社会学博士学位，以及墨尔本大学的文学学士和理学学士学位。在进入学术界之前她曾以顾问的身份服务于澳大利亚政府，从事政策和评估领域的社会研究。

卡伦·法夸尔森（Karen Farquharson）是斯威本科技大学健康、艺术与设计学院的副院长和社会学副教授。她是一名社会学家，对体育、种族和媒体以及归属感和社会融入等话题有着广泛的研究兴趣。卡伦拥有哈佛大学的社会学博士学位和硕士学位，以及加利福尼亚大学伯克利分校的社会科学学士学位。她也是富布赖特南非国际论文研究奖学金的获得者。

德博拉·登普西（Deborah Dempsey）是斯威本科技大学的社会学高级讲师。她拥有墨尔本大学的文学学士和硕士学位，以及乐卓博大学的博士学位。德博拉的研究兴趣主要集中于家庭、人际关系、个人生活和老龄化的社会学研究，特别是辅助生殖技术时代的同伴关系以及同性关系中的社会法律问题。在成为学者之前，德博拉在社区和社会营销部门从事社会研究。

致 谢

共同写作本书的过程是一个启迪思考的过程，我们通过相互论辩来不断厘清自己的想法。这也是一个充满乐趣的过程，我们尤其享受闭关写作期间的每一次愉快餐叙。

我们要感谢为我们提供帮助的SAGE出版社的许多人：克里斯·罗杰克（Chris Rojek），发起了这一项目并使其落地；杰伊·西曼（Jai Seaman）和莉莉·麦博德（Lily Mehrbod），提供了有益的编辑意见；所有其他的出版工作者，为我们扫除了出版过程中的各种障碍。我们还要感谢研究团队中多年来与我们携手工作的许多伙伴；感谢我们的学生，他们以许多本着雄心壮志进行的研究工作不断给予我们启发与挑战。本书所讨论的研究中有一部分来自澳大利亚研究委员会所资助的项目（Australian Research Council Projects）（DP0451524、LP077215和LP110100063）。我们要感谢斯威本大学和其他地方的同事们给予我们的支持，以及斯威本大学对我们的质性研究提供的支持。

我们还要感谢长久以来参与我们研究的所有人。我们希望能以此书为促进富有价值性和伦理性的研究实践贡献绵薄之力。

最后，我们每个人都感谢我们的朋友和家人一直以来的爱、关怀与支持。

作者序

写作本书的缘起在于我们对共同教授的质性研究方法的本科课程所怀有的极大热情。尽管市面上已经出版了许多优秀的教科书，但是没有一本能完全满足我们学生的需求。后来因为偶然的机会 SAGE 出版社联系到我们，于是开启了这本书的写作。我们在本书中使用的许多案例都来自我们自己的研究经验，也有一部分来自我们的学生。当所有这些经验被汇总起来时，形成了一个巨大的资源库。维维恩最初在澳大利亚政府的政策和评估部门从事社会研究工作。在转入学术界之前，她还在市场研究领域担任了一段时间的社会研究顾问。

卡伦在进入社会学领域之前从事公共卫生方面的工作。她博士阶段研究了南非后种族隔离时代的种族关系。接下来的一段时间，她投入非政府组织领域有关烟草控制政策评估的工作之中。此后，她成为一名社会学专业的大学讲师。

德博拉对质性社会研究的兴趣始于她在社区服务部门工作的时候，当时她是一名妇女危机服务的项目工作者。在完成其关于男女同性恋家庭的博士研究后，她先后在大学研究中心和一家商业社会研究与市场营销公司工作，然后加入了斯威本科技大学的社会学团队。

本书的内容反映了我们跨越学术、商业、社区和政府等领域的多元背景和广泛经验，希望此书能够对学生和学术研究人员以及相关从业者有所帮助。

目 录

第一部分 研究准备

第1章 质性研究的基础 ………………………………… 3
什么是质性社会研究 …………………………………… 4
质性研究 vs 量化研究：权衡与取舍 ………………… 5
走近质性研究 …………………………………………… 7
研究范式——关于研究的价值观与信念 ……………… 9
什么是现实，它可以被认识吗 ………………………… 11
认识主体与认识对象之间是什么关系 ………………… 15
我们如何找到答案 ……………………………………… 18
结语 ……………………………………………………… 21
阅读延伸 ………………………………………………… 22

第2章 质性研究的目标 ………………………………… 23
发生了什么——选择与解释 …………………………… 24
研究希望实现什么 ……………………………………… 25

评判研究的质量 ·· 27
结语 ·· 34
阅读延伸 ··· 36

第 3 章　从主题到研究设计 ··· 38
及时和可行的研究 ·· 39
主题和问题 ··· 40
文献在研究问题设计中的作用 ·· 44
将研究问题与方法联系起来 ·· 48
研究计划书 ··· 49
结语 ·· 51
阅读延伸 ··· 52

第 4 章　质性研究的政治和伦理 ······································· 53
伦理 ·· 54
研究中的政治 ··· 64
结语 ·· 67
阅读延伸 ··· 67

第二部分　研究实施

第 5 章　抽样 ··· 71
什么是抽样，我们为什么要关注它 ···································· 72
对总体进行抽样 ·· 72
理论、认识论和抽样 ·· 73
抽样和招募策略 ·· 77
可推广性 ··· 81
无应答 ·· 82
样本量 ·· 82

抽样、不易接触者和研究伦理 ···················· 83
　　结语 ··· 84
　　阅读延伸 ·· 85

研究实施：提出问题

第 6 章　访谈 ·· 88
　　访谈：结构化和半结构化 ······························ 89
　　半结构化访谈的设计 ···································· 90
　　如何进行有效访谈——访谈提纲 ·················· 91
　　沟通方式——现实性考虑 ····························· 96
　　看还是不看——匿名与视像之间的权衡取舍 ·· 101
　　适合研究的访谈模式 ···································· 102
　　有效沟通——在访谈中建立融洽关系 ············ 103
　　结语 ··· 106
　　阅读延伸 ·· 107

第 7 章　焦点小组和小组访谈 ······················ 108
　　小组访谈 ··· 109
　　焦点小组 ··· 112
　　结语 ··· 122
　　阅读延伸 ·· 122

研究实施：观察

第 8 章　观察人 ·· 126
　　定义 ··· 127
　　研究问题的类型 ·· 130
　　进入 ··· 132
　　研究身份披露和其他伦理问题 ······················ 133
　　收集资料 ··· 136

结语 ………………………………………………………… 139
阅读延伸 ……………………………………………………… 139

第9章　观察事物 ………………………………………… 141
累积测量 ……………………………………………………… 143
耗损测量 ……………………………………………………… 144
物理痕迹研究的优点 ………………………………………… 146
物理痕迹研究的缺点 ………………………………………… 146
分析物理痕迹 ………………………………………………… 148
结语 …………………………………………………………… 149
阅读延伸 ……………………………………………………… 150

第10章　观察文本 ………………………………………… 151
主题分析和话语分析：异同之处 …………………………… 152
查找文本和抽样 ……………………………………………… 156
使用主题分析 ………………………………………………… 159
使用话语分析 ………………………………………………… 161
结语 …………………………………………………………… 162
阅读延伸 ……………………………………………………… 162

研究实施：让参与者自述

第11章　叙事研究 ………………………………………… 166
生活史、个人叙事和自我民族志 …………………………… 168
使用叙事研究 ………………………………………………… 171
引出叙事 ……………………………………………………… 172
生活史和个人叙事分析 ……………………………………… 175
评估叙事研究 ………………………………………………… 179
结语 …………………………………………………………… 181
阅读延伸 ……………………………………………………… 181

第 12 章　意义构建：资料管理、分析和报告 ⋯⋯⋯⋯⋯⋯⋯⋯⋯⋯⋯⋯ 183
　　资料管理 ⋯⋯⋯⋯⋯⋯⋯⋯⋯⋯⋯⋯⋯⋯⋯⋯⋯⋯⋯⋯⋯⋯⋯⋯⋯⋯ 184
　　保持资料的安全性和有序性 ⋯⋯⋯⋯⋯⋯⋯⋯⋯⋯⋯⋯⋯⋯⋯⋯⋯ 185
　　启动资料分析 ⋯⋯⋯⋯⋯⋯⋯⋯⋯⋯⋯⋯⋯⋯⋯⋯⋯⋯⋯⋯⋯⋯⋯ 190
　　初步探索 ⋯⋯⋯⋯⋯⋯⋯⋯⋯⋯⋯⋯⋯⋯⋯⋯⋯⋯⋯⋯⋯⋯⋯⋯⋯ 193
　　改进分析 ⋯⋯⋯⋯⋯⋯⋯⋯⋯⋯⋯⋯⋯⋯⋯⋯⋯⋯⋯⋯⋯⋯⋯⋯⋯ 195
　　使用计算机辅助质性资料分析软件 ⋯⋯⋯⋯⋯⋯⋯⋯⋯⋯⋯⋯⋯⋯ 196
　　分析与写作 ⋯⋯⋯⋯⋯⋯⋯⋯⋯⋯⋯⋯⋯⋯⋯⋯⋯⋯⋯⋯⋯⋯⋯⋯ 201
　　基于质性研究撰写论文、报告和文章 ⋯⋯⋯⋯⋯⋯⋯⋯⋯⋯⋯⋯⋯ 202
　　结语 ⋯⋯⋯⋯⋯⋯⋯⋯⋯⋯⋯⋯⋯⋯⋯⋯⋯⋯⋯⋯⋯⋯⋯⋯⋯⋯⋯ 204
　　阅读延伸 ⋯⋯⋯⋯⋯⋯⋯⋯⋯⋯⋯⋯⋯⋯⋯⋯⋯⋯⋯⋯⋯⋯⋯⋯⋯ 205

第 13 章　不同方法的结合 ⋯⋯⋯⋯⋯⋯⋯⋯⋯⋯⋯⋯⋯⋯⋯⋯⋯⋯⋯⋯ 207
　　不同范式的结合 ⋯⋯⋯⋯⋯⋯⋯⋯⋯⋯⋯⋯⋯⋯⋯⋯⋯⋯⋯⋯⋯⋯ 208
　　不同质性方法的结合 ⋯⋯⋯⋯⋯⋯⋯⋯⋯⋯⋯⋯⋯⋯⋯⋯⋯⋯⋯⋯ 209
　　结语 ⋯⋯⋯⋯⋯⋯⋯⋯⋯⋯⋯⋯⋯⋯⋯⋯⋯⋯⋯⋯⋯⋯⋯⋯⋯⋯⋯ 211

参考文献 ⋯⋯⋯⋯⋯⋯⋯⋯⋯⋯⋯⋯⋯⋯⋯⋯⋯⋯⋯⋯⋯⋯⋯⋯⋯⋯⋯⋯ 212
索引 ⋯⋯⋯⋯⋯⋯⋯⋯⋯⋯⋯⋯⋯⋯⋯⋯⋯⋯⋯⋯⋯⋯⋯⋯⋯⋯⋯⋯⋯⋯ 219
译后记 ⋯⋯⋯⋯⋯⋯⋯⋯⋯⋯⋯⋯⋯⋯⋯⋯⋯⋯⋯⋯⋯⋯⋯⋯⋯⋯⋯⋯ 231

第一部分
研究准备

在设计和实施一个质性研究项目之前，研究者必须充分了解各种相关问题并做好准备。了解价值观与信念如何进入研究过程以及它们如何支撑不同的研究路径，对于研究者而言十分重要。为质性研究确立恰当和清晰的研究问题也非常关键。最后，在启动任何研究之前都需要深入考虑伦理和政治议题，这一点至关重要。

本书前四章主要介绍开展质性研究所需的准备工作，旨在帮助你批判性地思考这些议题，确立研究问题，以及形成研究计划。

第1章

质性研究的基础

本章内容

- 什么是质性社会研究
- 质性研究 vs 量化研究：权衡与取舍
- 走近质性研究
- 研究范式——关于研究的价值观与信念
- 什么是现实，它可以被认识吗
  - 实证主义
  - 后实证主义
  - 批判主义
  - 建构主义
- 认识主体与认识对象之间是什么关系
  - 实证主义和后实证主义——冷静的研究者
  - 批判主义——作为倡导者的研究者
  - 建构主义——研究作为"非朴素的对话"
- 我们如何找到答案

○ 实证主义和后实证主义

○ 批判主义

○ 建构主义

- 结语
- 阅读延伸

4 什么是质性社会研究

长期失业是什么感觉？种族与个体健康之间有什么关系？人们为什么要浪费食物？

根据你自己对世界的理解，想要立刻回答这些问题是可能的。这种类型的答案可能是基于你过去的经历和学习、你读过的书、你听别人说过的话、你的观念或直觉。获得这些问题的答案的另一种方式是进行社会研究。这可能涉及观察他人，倾听他们的谈话，向他们提问；也可能并不涉及任何与人的直接接触。取而代之，你可能会研究人们写下的文字、建造的东西、制作的物品以及留下的踪迹。

就最简单的意义而言，社会研究涉及应用实证研究方法来探究和增加我们对社会世界某些方面的理解。在学术情境中社会研究以理论为指导，同时也对理论有所贡献，帮助我们解释这个世界所发生的事情。本书将指导你开展合乎情境的、高质量的质性研究，并且帮助你最大化地利用数字技术来服务于你的研究。我们也希望能够给予你启发，使你在进行质性研究时超越那些显而易见和理所当然的现实获得对社会的新理解。

专栏 1.1

超越显而易见和理所当然的现实

你见过水果从树上掉下来吗？据说，科学家艾萨克·牛顿（Isaac

> Newton，1643—1727）曾经坐在一棵苹果树下，恰好被当时从树上掉落的一颗苹果砸中了脑袋。面对这一情景我们中的许多人可能只会揉一揉脑袋或者看一看下次坐哪儿会更安全，但是艾萨克·牛顿却开始思考为什么苹果会向下掉落而不是停留在树上或者向上离开。他由此萌生了存在一种力量将一切东西推向地球的想法。这个事例的重点在于虽然很多人看到苹果从树上掉落下来，但是只有艾萨克·牛顿产生了引力导致苹果掉落的思考。

本书旨在教你如何质疑自己关于世界的假设，这样当你通过质性研究来解释社会世界时就可能会获得新的认识。"质性社会研究"一词涵盖了社会研究的一系列方法，这些方法在概念上与量化社会研究的方法截然不同；但在实践中两类方法经常一起使用，它们之间的区别有时是比较细微的。在对质性研究方法进行深入探讨之前，我们将会在下一节中先为大家介绍质性社会研究与量化社会研究之间的分野。

质性研究 vs 量化研究：权衡与取舍

任何关于社会世界的研究都在根本上触及以下两大问题之一：

（1）发生了什么？
（2）影响范围如何？

粗略来讲，质性研究关注第一个问题即研究某个事物的特点或性质，而量化研究旨在通过回答第二个问题来呈现事物的数量特征。只有当你知道了第一个问题的答案才可能回答第二个问题，并且要找出这两个问题的答案需要非常不同的研究方法。

下面的例子应该能更清楚地解释这一点。当家庭互联网刚刚诞生的时候，没有人知道在家里可以使用互联网来做什么。只有当研究人员针对人们如何使用和理解网络完成了一些质性研究之后，我们才有可能去考察特定的使用或认知方式有多么普遍以及它们如何与特定的群体相关联。要揭示某个事物的影响范围如何，你需要去研究每个人或每件事，或者至少是这些人或事的代表性样本。

这个例子说明了质性研究和量化研究的另一个重要区别。量化研究者通常需要有一个关于研究对象的想法或理论，这意味着在学术领域中进行的量化研究倾向于检验理论。虽然质性研究也可以用来检验理论，但当研究人员对他们感兴趣的领域不太了解或者一无所知时这一研究方法则会更具优势。在这种情况下，质性研究可以被用来建构理论。换句话说，量化研究往往是演绎性的，而质性研究则偏向于归纳性的。

在20世纪60年代，罗伯特·波格丹（Robert Bogdan）基于单个对象完成了一项著名的质性研究。他的研究目标是了解一个女性被困于男性的躯体里是什么感受，研究的成果是一本书，书名叫作《与众不同：简·弗莱自传》（Bogdan, 1974）。这项研究的重点是理解"简·弗莱"的生活经验以及她对这些经验赋予的意义，由此建构出关于那些拥有女性之灵魂、男性之躯壳者性认知的理论。作为质性研究的典型代表，这项研究通过叙事（即简·弗莱自己的语言）让"简·弗莱"的生活经验得以发声。与之相反，量化研究则倾向于将人们的现实生活经验简化为数字，以便能在大的群体中识别出具有某些特征的模式。在量化研究中诸如性别认同这样的复杂体验可能会被简化为量表中的一个数值，从而使得不同人群之间的比较成为可能。例如，量化研究项目可能会探究一个人的性别认同与生活其他方面特征之间的关系模式，这些特征同样可被测量并简化为数值以方便识别（如性取向、种族、童年经历、宗教态度以及这些特征的不同组合）。

上述简·弗莱的例子说明了质性研究中需要考量与权衡的一个问题，即理解的深度往往是以牺牲代表性为代价的。波格丹并没有声称"简·弗莱"的经历完全代表那些认为自己受困于男性躯体的女性。然而，波格丹的研究提供的是深入理解"简·弗莱"作为一名拥有女性灵魂却束缚于男性躯体的人所拥有的生活经历，在当时她被看作一个精神疾病的患者。正如第5章所解释的那样，这项研究的结果虽然不具代性，但仍然可以被推广。

现在你应该更加清楚了，质性研究和量化研究并不存在高下之分，每种方法都有其自身的优势和局限。从更深的层次上来说，不同的研究方法是建立在不同的价值观与信念对研究目的的认识基础之上的。本章内容具有以下两重目的：第一，帮助你辨识量化研究和质性研究各种方法之间的根本区别；第二，帮助你认识支撑不同研究方法的价值观和信念，包括你自身所持有的价值观和信念。这将有助于你更好地觉察当前所使用的研究方法的意义，也能够为你日常研究生活中的选择与决策带来启发。

走近质性研究

在你思考如何进行一项质性研究之前，你需要弄清楚研究的目的以及你希望达成的目标。我们用一个更为生活化的例子来说明在研究之前明确这些问题的重要性（关于购买哪辆自行车的决定）。

假设你想购买一辆自行车，但你不确定哪一辆是最适合你的。为了做出这个决定你需要考虑你想用这辆自行车来做什么，以及你想如何使用它。你会是它唯一的使用者吗？如果你想做出一个满意的购买决策，就需要仔细考虑为什么你想要一辆自行车。你想用它来做什么？想用来进行高速公路训练？如果是这样，那么公路自行车可能是最好的选择。想骑着它去探索附近的一些树林？那么山地自行车最适合你的需要。想每天骑行去上班，或者只是用于偶尔的购物和娱乐休闲？这样的话，混合动力车可能是最佳选择，电动自行车也可以考虑。或者也许你只是想要适合特定人群风格的自行车？你可以选择旅游沙滩车或者定轮自行车。这里很明显，并不存在一辆最好的自行车。选择哪辆车取决于你想用它来做什么。只有考虑了自行车的预期用途，才能够评判你是否做出了好的购买决定。想以低廉的价格购买高品质的公路自行车来满足在泥土小道上飞驰的愿望可不是一个明智之举。

同样，对于质性研究而言也没有最好的方法或路径。研究方法种类繁多，每一种都自有其优点与缺点。为了做出理想的选择，你必须考虑为什么要进行研究以及希望通过这项研究来达到什么目的，这就涉及了价值议题。在不同的研究方法背后，有着不同的价值取向以及关于知识和现实本质的不同信念作为支撑。

即便你很清楚想要从研究中收获什么，仍然没有一个最好的方法来实际地开展这项研究。同样，选择何种研究方式取决于研究者对于事实本质和知识获取持有怎样的价值观和信念。我们将通过一个日常生活中的例子说明我们的信念和价值观如何指导我们的想法，通过另一个例子说明信念和价值观如何指导我们的行动，从而由浅入深地探讨这个颇具哲学意味的问题。

很明显，没有一种所谓美好生活的最佳模式。一个人关于什么才是最佳生活方式的看法受到其所持价值观和信念的影响。例如，一个看重金钱的人眼里最好的生活肯定不同于那些视人际关系为最高价值者所理解的最好生活，也不同于那些以健康或宗教信仰为最高追求的人所崇尚的理想生活。只有在这些价值观和信念的前提之下，我们才能够去评判一个人是否过上了好的生活。同理，关于最佳研究方法的看法也建立在一系列的价值观和信念之上。

下面的例子更加清楚地说明了信念和价值观不仅引导我们的思考，而且影响我们的行动。你是怎样去到你的工作地点或学习地点的？如果你是骑自行车去的，你可能会认为骑车具有步行、驾车或搭乘公共交通所不具备的优势。也许你相信骑车可以帮助你锻炼身体，更加快捷、更加放松、更加经济，或者有利于减少空气污染。事实上，它真的更令人放松吗？这取决于你如何看待骑车以及那些可能的替代选择。有人会认为坐火车十分放松，或者是一个阅读的好机会，而有人则会觉得很不舒适或者浪费时间。除了信念之外，你会发现在你关于骑行的看法之中还渗透着你的价值观——你关于健康、速度、放松、成本以及清洁空气等价值的认识。同样，你在自行车上的花费不仅由你需要支付的金钱额度来决定，还由你的价值观即你对自行车价值几何的看法来决定。

正如没有一种"最好的"生活方式、没有一种"最好的"通勤方式一样，也没有一种"最好的"或唯一正确的方法来处理或展开质性研究，尽管不好的研究方法遍地都是。例如，探究种族与个体健康之间的关系并不存在一种"最好的"方法（随后会介绍这个例子）。你更倾向于选择哪种方法将取决于你所持有的价值观和信念的综合作用。

研究范式——关于研究的价值观与信念

借助社会研究范式的概念，我们可以更清楚地了解价值观（values）与信念（beliefs）是如何进入研究之中的。范式是一组关于世界是怎样的基本信念，以及关于世界应该如何的价值看法。正如信念和价值观共同指导你如何行动一样，研究范式是指导你怎样进行研究的基本信念和价值观的结合。信念无法被证明，但持有这些信念者却对其深信不疑。信念和价值观可能是模糊难辨的，因为除非受到明确的挑战，否则我们总是倾向于理所当然地认同我们对世界的看法和持有的价值观。

在学术文献中，你可能会遇到一系列令人眼花缭乱的研究范式类型和术语。在本章中，我们将通过以下三个问题指导你用一种更为简单的方法来确定不同社会研究方法背后的信念和价值观：

（1）什么可以被认识？

（2）认识主体与认识对象之间是什么关系？

（3）我们如何找到答案？

总而言之，任何一项研究都以某种研究范式为支撑，我们可以通过回答以上三个问题勾勒出研究范式的基本特征（Skeggs, 1994; Denzin and Lincoln, 2000）。第一个问题"什么可以被认识"的答案取决于我们对存在事物的看法即本体论信念（ontological beliefs），以及我们对知识的看法即认识论信念（epistemological beliefs）。因此，这个问题可以表述为

"什么是现实，以及什么可以被认识"。第二个问题的答案涉及我们对知识的信念和价值观。第三个问题涉及方法和方法论，这一问题的答案产生于对前两个问题的回答。

我们将使用这三个问题来解释和对比四种主要的研究范式。这四种研究范式是古巴和林肯（Guba and Lincoln，1994）在他们著名的类型学研究中所确立的实证主义范式（positivist paradigm）、后实证主义范式（post-positivist paradigm）、批判主义范式（critical paradigm）和建构主义范式（constructivist paradigm）。我们选择这一类型学体系作为依据是因为它既全面又简练，虽然我们会效仿其他研究者使用术语"批判主义"（criticalist）而不是"批判的"（critical）来避免与后者的普通含义产生混淆。我们将在本书后面的章节中继续使用这一类型学方法，因为我们希望将每种方法的讨论都与其哲学基础联系起来。然而值得注意的是，既有的类型和术语多种多样，而不同的学者对特定术语也有着不同的理解。例如：古巴和林肯在其 2011 年修订版著作中增加了一个新的类型参与/合作范式（participatory/cooperative paradigm）（Lincoln et al.，2011）；一些学者区分了建构论（constructionist）和建构主义（constructivist）（Crotty，1998）；而另一些人则将非实证主义（non-positivistic）方法归入了诠释主义（interpretivist）的阵营之中（Blaikie，2007）。

这一问题的关键在于，你能够清楚地认识到关于知识和现实本质的不同价值观和信念是如何支撑起不同的研究方法的。当你可以主导自己的研究时，这一认识使你能够有意识地保持研究与你所持信念和价值观的一致。即便你从事的研究并非出于自己的设计，这也能使你充分领悟到当前的研究方法和日常研究决策所富含的意义。无论将来遇到什么描述研究范式或研究方法的类型或术语，你都可以借助这三个问题超越既定的标签而直达讨论的中心。不同研究范式之间潜藏的哲学差异不仅反映在资料收集和分析方法之上，而且关系着我们如何撰写研究所得，如何呈现我们"所目睹的世界和经验"（Smart，2009：303）。

什么是现实，它可以被认识吗

我们能够体会多重人格障碍的感受吗？我们能否知道有如神助是怎样的情景？与"什么可以被认识"密切相关的问题是"什么是存在的"。对"我们能否认识现实"的回答取决于我们所认为的现实是什么。如果一个人都没有了，那么世界是否还存在？这是哲学家们几个世纪以来一直争论的问题，而世界上许多冲突的背后其实是对现实所持看法的差异。虽然你可能没有思考过我们能否认识现实的问题，但深入了解这个问题的各种可能答案如何为不同研究方法提供支持却至关重要。在本书中，我们将会把研究方法的日常决策与支撑研究方法的信念和价值观联系起来加以讨论。

实证主义

实证主义信念通常与科学和科学方法的发展有关，认为现实是存在的。即使一个人都没有，世界也依然在那里，因为事物的存在与人类的意志无关。例如，关于引力的实证主义观点认为地心引力本就存在，而艾萨克·牛顿是第一个发现它存在的人。

根据这种观点，科学和社会科学的任务是认识、理解和描述现实。通过使用严谨的研究方法，我们有可能获得关于现实的完美知识。这意味着实证主义观点不承认抽象或神秘现象是一种现实，并且对某些医学疾病（例如慢性疲劳或分离性身份识别障碍）是否真正存在抱有怀疑。现实只能够由可以通过推理感知或发现的现象组成。例如，根据实证主义观点，社会阶层是具有可观察属性的客观现象。

后实证主义

与实证主义观点一样，后实证主义观点认为现实独立于人类意识。不过，后实证主义研究承认我们永远无法真正掌握这一现实的完美知识。我们只能通过精心设计的研究来尝试获取接近现实的知识。甚至统计方法也只能够获取近似值，抽样程序和加权也都是用来拉近研究结果和事实之间距离的。许多量化研究都是后实证主义的，不过正如你将要看到的那样，在这一范式之下进行质性研究也是可能的，尽管相对而言这种做法不那么常见。

批判主义

与实证主义和后实证主义认为现实独立于人类意识的理解相反，持批判主义范式的研究者将现实视为人类意识的产物。社会现实是由一系列随时间推移而沉淀下来的人类价值观和偏见塑造的，包括社会、政治、文化、经济、种族和性别等等。批判主义研究者批判性地看待社会现实（也就是说，他们思考现实背后的含义，而非视其为理所当然）。在历史上，已经有一些人的目光超越了当时的社会状态而投向了一个没有剥削的未来世界。在这些理想家看来，我们所经历的现实是特定的人类价值观随时间的推移而正常化的产物，所以当前事物的状态就会被轻易地当作现实。卡尔·马克思因其对 19 世纪后期社会阶级的分析而举世闻名。那时，有产阶级和没有土地的工人阶级之间的对比非常鲜明。有产阶级认为他们就应该是创造财富和优渥发达的那一群人，而工人阶级则通常认为长时的工作和微薄的工资就是他们的命运与生活。在当时，如果不涉及阶级分析，任何关于社会现实的解释都是不完整的。马克思的伟大之处在于他没有简单地接受阶级差异作为事物自然秩序的一部分，并且指出了这种接受实际上是一种错误的认知。他认为阶级社会只是一种过渡状态，人类未来一定会进入一个阶级消亡、按需分配、任何人都无权主宰他人的社会。同样，马丁·路德·金也梦想美国能够成为不分种族、人人平等的国度。社会学家发现，在美国白人的平均受教育程度远高于黑人。然而，批判主义学者（Ladson-Billings and Tate，1995；Decuir and Dixson，2004）并不视之为种族的本质特征，而把这种现象理解为数十年的剥削、歧视和受教育机会减少的结果。

因此，批判主义研究范式的支持者并不认为性别、种族、父权规范、阶级和权力等社会现象独立于人类意识而存在。相反，他们认为当我们接受这些社会现象的存在形态作为现实的一部分时，它们"就像现实本身一样，成为局限和狭隘的代名词"（Guba and Lincoln，1994：111）。

最后一个例子说明了在不同时期存在的有关性别的各种现实。在特定时期的特定文化中，现实是女性的机会和待遇均落后于男性；在另一些文化中，现实是女性与男性相互平等；尽管父权制普遍存在于人类社会中，但在历史上也曾出现过一些文化，在这些文化中其现实是女性的机会和待遇要优于男性。这些现实是具体价值和实践的产物，而不是反映两性差异的普遍事实。

不过，我们可以走得更远一些，即使这些不同的现实取决于对两种性别——男性和女性——的看法，两性的"现实"也并非是一个普遍真理。文化历史学家托马斯·拉科尔在他的著作《制造性：从古希腊到弗洛伊德时期的身体和性别观念》（Lacquer，1990）一书中追溯了西方文明如何在17世纪的某个时期建构了两性即男性和女性的现实。在这以前的"现实"是，从医学意义上而言只存在一种性别。2014年，"双性人"在澳大利亚被法律认可为第三种性别，再一次改变了所谓的"现实"。

建构主义

以上的讨论使我们进一步关注到视现实为局部且具体（local and specific）的建构主义观。根据这一观点，现实是纷繁多样的，每一个现实都建立在共同看法的基础之上。例如，对于许多西方医生来说现实是化疗可以阻止癌症的发展，而在另一类治疗师看来现实是冥想能够阻止癌症的恶化。还有一些癌症患者所经历的现实是改变饮食方式遏制了癌症的发展（Pekmezi and Demark-Wahnefried，2011）。

根据建构主义观点，现实可以通过表征、话语以及实践而得到积极的建构。在西方国家，理想的女性身材是通过主流媒体表现的女性形象而被积极建构的现实。相比60年前的审美标准，当代女性的理想身材更加苗条。然而，当代的女性理想身材作为一种社会建构的概念并非在所有的文化之中都存在。

现在我要举的例子是通过话语而积极构建的现实。澳大利亚的主流话语是婚姻存在于男人和女人之间,而现在却出现了一种与之对抗的话语是婚姻可以发生于任何两个人之间。在许多国家例如加拿大和英国,婚姻可以存在于任何两人之间是居于主导地位的话语。这种话语方式的变化推动了法律的变化,使同性婚姻成为一种可被观察的现实。

批判主义的现实观往往以社会现实为关注点,而建构主义认为现实是局部和具体的看法则包含了这样一个观点,即事物(objects)的现实是局部的和具体的。这可能是一个难以理解的概念,因为无论你身处哪个时代和世界的哪个角落,如果你面前有一根横杆挡住了去路而你却对此不加留心,都必然要为此承担后果。不过,让我们走近一点来观察一下那个横杆。它真的是一根杆子还是一座雕塑的一部分?也许它只是一扇大门的吊杆,并且当你靠近它时会向上升起?你面前事物的物质性是毫无疑问的,的确有一些东西阻挡了你的道路。它是由人类创造,以物体的形态而存在的事物。根据这种建构主义观点,定义是什么构成了特定事物是一种设定边界的人类行为。这个观点听起来似乎有些违背直觉,因为在日常生活中我们对事物的定义被认为是理所当然的,从而常常显得自然而普遍。再举一个例子,关于什么可被理解为一个住所并不存在自然或普遍的真理。在许多诉讼案中,开发商、规划人员和政府官员为一栋建筑是否算作住宅而争论不休。由此说来,是人与物质世界的互动产生了我们通常视之为自然存在的住所。

这个观点还进一步超越了人类创造物而伸延至物理世界。例如,要定义某一块草地并不是一件自然而然的事情。一个人可能认为这块草地是椭圆形的并打算用来踢足球。在第二个人那里,同一块草地则可能被视作某处圣地的一部分。而对第三个人来说,这块草地只有一部分值得定义,因为那里是稀有种类的蚂蚁栖息的地方。通过这种方式,人类与物质世界产生互动并创造事物,这一认识有时被称为现实的社会建构(Luckmann and Berger, 1971)。当然,这并不意味着我们可以仅仅通过想象来生产任何现实。除了最激进的建构主义之外,其他所有的建构主义观点都认为人类与物质世界之间的交互超出了人类想象所能控制的范围。建构主义观并不是笼统地讨论现实而是看到现实的纷繁复杂，每一种现实都是具体情境的产物。这意味着秉持建构主义观点的研究者在进入一个领域时，会对眼前世界与自身世界可能存在的巨大差异保持格外的敏感。

现实来自人类的积极建构这一观点引领我们来到了刻画研究范式的第二个问题。这是一个认识论问题，即"认识主体与认识对象之间是什么关系"。

认识主体与认识对象之间是什么关系

研究者与研究对象之间关系的本质在于对研究目的的看法以及秉持的价值态度。在这里，我们聚焦于不同范式在论述研究者与研究对象的关系时展现的差异。

实证主义和后实证主义——冷静的研究者

实证主义或后实证主义研究的任务是找到客观真理，或者说在后实证主义研究那里是尽可能地接近客观真理，即一种原原本本的现实。研究者希望能看到事物真实的面貌。更进一步讲，研究者就像一位科学家透过单向镜进行观察，能够做到实施研究而不会对研究对象产生任何干扰。埃米尔·涂尔干（Émile Durkheim），社会学的奠基人之一，一直在进行着这样的努力，他希望赋予社会科学同物理科学一样的合法性。因此，他主张用于研究社会世界的方法不应与研究物理世界的方法有任何根本的区别。此外，涂尔干还认为社会研究应该是价值无涉的。

许多社会研究者质疑涂尔干的观点，认为社会科学照搬用于研究物理世界的方法既不可能也不可取。虽然对照实验是自然科学家惯常使用的研究手段，但要对人类对象进行对照实验却几乎是不可能的。不同于一个土壤样本或组织切片，当人们知道自己正在被研究时可能会改变他们的行为表现。

关于研究中的价值问题，社会研究可以保持价值无涉的论点恐怕难以立足。对人类进行对照实验是否合乎伦理？答案取决于我们所秉持的价值观。正如本书将要展示的那样，哪些主题值得研究、主题的框架、研究的设计、研究的路径、对待研究参与者的方式、研究结果的呈现方式以及展示的对象，都反映了支撑具体研究的基本范式所隐含的价值观与信念。

批判主义——作为倡导者的研究者

正如我们将在下一章看到的那样，批判主义范式下的研究者毫不讳言他们所持有的价值观。他们的价值取向明确指导着他们对研究主题和研究方法的选择，与研究对象关系的确立，以及研究结果的分析与报告。他们时常有意识地去赋权（empower）于研究对象，利用研究去激发他们的意识或提供表达的机会。

不管是批判主义还是建构主义的研究者，都认为真实客观地观察事物是不可能的。研究者不同，研究的结果也不同。我们能够看到什么取决于我们是谁，而我们的身份又是我们的研究者角色、生活经历、受过的教育、读过的书、见过的人、秉持的观念、与研究对象的关系如此种种的集中呈现。举一个简单的例子，想象一下我们在圣诞节时观察人们之间的礼物交换。每个人都争相拿出最好的礼物赠予他人，我们在多大程度上将这种交换理解为亲密性、义务性或竞争性的表达，会因我们是否经历过类似现象以及这些经历的性质如何而折射出个人化的色彩。再看另一个例子，比较以下两位研究女性分娩经历的研究者。其中一位是 26 岁，并且刚经历过一次艰难妊娠的女性研究者。另一位是 65 岁，从未有过孩子的男性研究者。我们可以预见两人与研究对象互动的方式以及研究对象对他们的回应方式必定存在着差异。正如下一章将进一步讨论的那样，我们是谁不仅影响着我们与研究对象的关系，也影响着我们对他们的所言所行给出的解释。例如，在采访一个人时我们是否以及如何解释他们的肢体语言将取决于我们的文化规范和我们与此人的关系，这些因素的影响并不亚于肢体语言的表现本身对于解释的影响。

不论采用建构主义范式还是批判主义范式，优秀的研究者都会对他们在研究中的参与做出反思和自省。换句话说，作为一名研究者你要意识到作为研究者的你是谁，你自己与研究者以及研究对象之间的权力关系是怎样的，以及你的个人经历、价值和期望如何塑造和影响着你的研究。例如，你如果在社区住房组织工作并且正在对租户进行采访，就需要认识到这样做对于研究对象的福祉以及研究结果来说意味着什么。你还需要意识到这种身份关系如何影响了你进行研究的方式，意识到任何因在社区住房组织工作而形成的预设或偏见。使研究结果体现反身性的方式包括将研究者自身作为一个行动者而纳入对话脚本，采用第一人称视角，以及说明自己与研究主题相关的个人经历。

反身性（reflexivity）包括承认研究行为通常会对研究对象的生活造成扰动。正如希茨勒和凯勒所说的那样，质性研究者"永远处于同时身兼协作者、观察者和报道者"多重角色的困境（Hitzler and Keller, 1989: 100）。以下是本书作者之一维维恩·沃勒在自己的研究中如何成为协作者的一个例子。她问一个热爱阅读的孩子，在互联网上阅读故事的想法是否能够吸引她。显然这个孩子在此之前并不知道在网络上也有书可读，尽管她的父亲出于种种考虑试图隐藏这个信息，但在接下来的采访中我们得知这个女孩后来一直努力在互联网上寻找书籍。

建构主义——研究作为"非朴素的对话"

在建构主义视角看来，研究者和研究对象共同创造了研究结果。根据这种观点，研究就像一场与研究对象进行的对话——一个双向的过程。然而，研究并不是一场朴素的对话，因为研究者已经就此制定了一份议程表。研究对象能够在多大程度上发声是由研究者决定的。他们需要在维护自己作为研究者的特权和认真对待研究对象的观点之间做出平衡。一方面，研究者可能希望在研究中为参与者创造表达的空间；另一方面，他们可能又不希望使研究对象的故事过于突出，因为这会使得分析受限于参与者的局部性视角。例如，一位研究对象可能会说，他在酒店业找不到工作的原因是没有人想聘用一个把头发染得很鲜艳的人。而研究者则可能从潜在雇主那里听到一些与之矛盾的解释（例如，一些雇主可能会说是因为他态度粗鲁），甚至基于他们自身的判断对于男子的失业产生不同的理解。当面对不同的视角时，研究者要有意识地去决定在对不同研究对象的观点进行分析时分别赋予它们多少权重。一些建构主义的研究强调，要在研究设计、资料收集、资料分析和结果报告等全部或部分环节中让研究对象积极地参与进来。

无论是来自研究者的声音还是研究对象的声音，抑或是这些声音的混合，研究的结果都是研究者与世界互动的产物。没有人可以拥有上帝的视角。根据建构主义的观点，任何人——不论是研究者还是被研究者——的视角都是局部的、情境的和具身的。研究收集的任何资料都是不完整的和选择性的。而且，如何整理和取舍这些研究资料都由研究者的理解和诠释决定。换句话说，研究者观察和解读研究对象的方式受到他们有限和具体的观察理解能力的制约。此外，研究行为也可能会给研究者带来改变。延续前文所举的例子，研究者可能会因为进行了该项研究而改变他们对于失业的看法。

研究者不具有充分理性，也做不到全视或全知的事实并不意味着研究对我们的世界来说没有价值或毫不相干。正如哈拉维所说，研究是"基于某种立场的观点"（a view from somewhere），是一场与研究对象之间的"非朴素的对话"（non-innocent conversation）（Haraway，1991）。如果以夸张的笔法来描绘建构主义研究，那么研究者和研究对象将是构成画面的全部元素。然而，最终呈现的研究并非是无拘无束、自由流淌的叙事，因为研究的根基在于独立于研究表达而存在的人和物质世界。通过这样的方式，研究才得以实现"具身的客观性"（embodied objectivity）（Haraway，1991），我们将会在下一章对这个概念做出更详细的讨论。

我们如何找到答案

第三个问题"我们如何找到答案"既可以指方法论，也可以指方法。

在日常使用中,"方法论"和"方法"这两个词经常互换,似乎二者所指的是同一种东西。然而实际上研究的方法论是一种关于探索发现的理论方法,类似于一套原则;而研究方法则是用于探寻答案的具体策略,例如访谈或观察。质性研究者在许多不同的方法论框架下进行研究,包括符号互动主义、现象学以及参与研究。对这些方法论的讨论超出了本书的范围,但我们将在本章末尾的"阅读延伸"栏目中就如何更全面地了解这些不同的方法论提出建议。本书第二部分的章节将会对研究的具体策略进行专门介绍(即具体方法)。不过,我们仍然可以在这里就研究范式如何关联于研究者的研究方式进行一些粗略的讨论。让我们回到前面关于种族与个体健康关系的例子。

实证主义和后实证主义

实证主义和后实证主义研究都试图捕捉关于现实世界客观的、可测量的真相。因此,举例来说,研究者可能会在研究中采用他们认为能够反映真实种族差异的既有分类方法。他们可能会根据公认的标准将参与研究者分配到不同的种族群体中,例如,在家中使用的第一语言、出生国或母亲的出生国。同样,现有的健康标准也将被用于测量个体的健康水平。研究者将试图揭示关于种族与健康之间关系的社会事实,并努力在情感上脱离他们的研究。如前所述,大多数实证主义和后实证主义研究是量化而不是质性的。

批判主义

批判主义研究者追求"创造变革,为了那些受权力压迫者的利益"(Lincoln et al.,2011:102),他们认为权力关系决定着什么构成知识。这意味着通常被认为是理所当然或不言自明的类别实际上是特定时间下特定联盟的产物。例如,"性别"可以被理解为一种政治类型,在异性恋制度下对性行为起着规范作用(Butler,1990)。另一个例子,简·弗莱在《与众不同:简·弗莱自传》一书中对其个人生活的叙述揭示了特定的权力网络如何将一个人定义为"精神病患者"(Bogdan,1974)。还有一个例子,自1995年以来澳大利亚用于界定原住民的两个群体是土著居民和托雷斯海峡岛民。这一分类使托雷斯海峡岛民浮出水面，在此之前他们被归入土著居民的群体之中。但与此同时，南太平洋岛民却在这种分类之下成为隐形的族群，他们没有能够像托雷斯海峡岛民那样成功获得澳大利亚政府的官方承认（Australian Bureau of Statistics，1998）。

对于那些采用批判主义范式的研究者来说，重要的是在描述世界时不要把既有的权力结构包括既定的类别视为理所应当。实际上，提出可能存在的替代解释能够暴露这些所谓的现实的建构性本质，从而动摇这些对人们生活施以规约的类别或结构的存在合理性。回顾前述关于健康与种族之间关系的例子，一个批判主义的研究者不会简单地接受"种族"这一类别而可能去考察种族类别如何在历史中被建构出来，观察种族差异在生活中如何呈现以及探究人们对这一群体分类所赋予的含义。同样，批判主义研究者也不会简单地接受"健康"这一类别，而可能会考察健康是如何表现的以及这一类别被赋予的含义。这就需要考察西方社会对健康的定义中所反映的文化特征。西方人对健康的理解和测量包含了"健康"的体重以及没有具体的疾病症状，这与中国传统医学将"健康"理解为一种阴阳平衡存在着差异；也与印度的传统医学阿育吠陀把"健康"视为三种能量的平衡有所不同。

批判主义范式下的研究者不是以"健康"这一类别的固有含义作为他们工作的起点，而是关注"健康"被赋予的不同意义如何使特定的人群获益或者受损。对于持批判主义观点的研究者来说类别是一把双刃剑，除却我们所讨论的种种局限与不足，也正是这些类别概念（如种族、性别、阶级和肤色）为我们识别和解释广泛的不平等现象提供了帮助。

建构主义

与批判主义的研究者一样，建构主义范式下的研究者不太可能使用自上而下的结构方法将人们划分成不同的社会类别。相反，相较于一般的社会学理解，他们可能更为看重人们自己对于种族和健康的认识。他们也可能特别关注人们给自身的生活经历赋予的意义，而不太可能使用类别作为他们研究的工具。例如，许多人对于健康意味着什么都有着自己的特殊理解。比如，一个人对健康的理解可能融合了来自西医、传统中医以及佛教关于业力的思想。从外部的理性标准来看，这样的混合可能是缺乏连贯或不合逻辑的，但对执此观点的这个人来说却是合情合理的。建构主义研究不是要考察涂尔干视角下关于健康和种族的可观察"社会事实"（societal facts），而可能是纳入马弗索利所称的社会性事实（societal facts）即"社会存在所呈现的任何温情脉脉与杂乱无章"（Maffesoli，1989：14）。因此，建构主义研究崇尚深描（thick description），而对类别分析嗤之以鼻。

结语

人类是复杂和矛盾的。尽管我们旗帜鲜明地持有一套关于事物的信念和价值观，但我们却很难在生活中始终践行这些信念和价值观。例如，我们可能会认为保护环境十分重要，并且相信温室气体排放的不断增加正在破坏地球。我们生活的方式可能也反映出这一价值观，如家庭生活节能化，选择可再生电力，乘坐公共交通工具，食用季节性食物，制作堆肥等。然而，我们却对旅行充满兴趣，每一两年就会坐长途飞机去往另一个国家，即使这些航班是世界上增长最快的温室气体排放源之一。比如，只需每年乘坐经济舱往返伦敦和悉尼一次就会使得英国的年人均温室气体排放量增加一倍（World Bank，2010；Jarrett，2012）。

在研究方面，我们的行为可能同样是自相矛盾的。我们的信念和价值观可能符合建构主义范式，但我们却在从事着将人分成不同类别的量化研究。为了理解这一点，你需要明白"后实证主义研究者""批判主义研究者"和"建构主义研究者"等术语都是一种理想类型。在实践中，一个研究者可能会对每一种研究范式都有所采纳，即使是一个单独的研究项目也可能会包含基于不同研究范式而设计的子项目，例如定量调查（后实证主义）和在建构主义范式下实施及解释的访谈。不过，这里需要说明的一个关键点是，尽管一项具体研究可能无法齐整地对应于这些范式类别，但其中必然会强调某一种范式多于其他范式。正如本书后面的内容所示，为了做出关于如何研究的恰当决定，研究者需要明了支撑这项研究的信念和价值观。同样，为了评估研究的质量，你需要清楚研究希望达成的目标以及不同范式之下研究目标的差异。关于这一点我们会在下一章中加以讨论。

阅读延伸

Blumer, H. (1969) *Symbolic Interactionism: Perspective and Method*. Englewood Cliffs, NJ: Prentice-Hall.

符号互动主义是质性研究经常采用的方法论。此书是关于这一方法的经典著作。

Brown, B. (2010) 'The power of vulnerability'. Audio available at www.ted.com/talks/brene_brown_on_vulnerability?language=en.

在这段关于自己进行质性研究和处理大量数据的20分钟的个人讲述中，布芮尼·布朗（Brené Brown）向我们描述了质性研究如何改变了她。从她的叙述中我们能够看到，她的价值观和信念是怎样从实证主义范式走向了批判主义范式的。

Guba, E. G. and Lincoln, Y. (eds) (1994) 'Competing paradigms in qualitative research', in E. G. Guba and Y. Lincoln (eds), *Handbook of Qualitative Research*. Thousand Oaks, CA: Sage. pp. 105-117.

该书所采用的研究范式分类来源于这一章节。

Spencer, R., Pryce, J. and Walsh, J. (2014) 'Philosophical approaches to qualitative research', in P. Leavy (ed.), *The Oxford Handbook of Qualitative Research*. New York: Oxford University Press. pp. 81-98.

这一章节对各种研究方法论进行了简要讨论，包括符号互动主义、现象学和参与研究。

Williams, M. and May, T. (1996) *Introduction to the Philosophy of Social Research*. London: UCL Press.

这本书适合那些想深入了解质性研究哲学基础的读者。

第 2 章

质性研究的目标

本章内容

- 发生了什么——选择与解释
- 研究希望实现什么
    - 从数据资料中产生理论
    - 有用且合乎伦理的研究
- 评判研究的质量
    - 可靠性和客观性：房间里的大象
    - 有效性目标
    - 资料产生的有效性
    - 资料解释的有效性
    - 建构主义研究的反身性
- 结语
- 阅读延伸

在上一章中我们看到，研究方法选择众多，并没有哪种方法显著优于其他方法。价值观和信念是支撑所有研究的基础，我们可以用这些术语来识别和标记它们：实证主义、后实证主义、批判主义和建构主义。正如上一章所述，研究的目标以及研究质量的评判标准都因研究范式或者价值观和信念体系不同而有所差异。在讨论这些差异之前我们首先来关注一下质性研究所共有的一般性目标，即认识当前发生了什么。

发生了什么——选择与解释

质性研究可以是关于这个社会世界任何事情任何方面的理解。但是，正如你将看到的，对于任何社会情形下所发生的事情永远没有唯一正确的回答。如上章所述，所有的描述和观察都涉及选择与解释。

比如说，我正在研究人们如何使用图书馆的物理空间。我观察到一个年轻人坐在公共图书馆里阅读——这是一个关于发生了什么的简单描述，但是请注意，即使这个简单的描述也涉及解释。我把这个人的性别解释为男性，年龄解释为年轻人，活动解释为阅读。这个解释对正在发生的事情来说足够充分吗？这个"年轻人"坐在那儿，也许是因为他不想回家，或者根本无家可归。也许他是想找个地方取暖，而图书馆很暖和。也许他是想让图书馆员对他印象深刻。也许他是在等巴士的时候来图书馆打发时间。也许他仅仅是很享受在那里坐着的感觉。也许那页书他看了无数遍却一个字也没读懂，因为他还沉浸在刚刚得到的一个糟糕消息带来的痛苦之中。也许他是一个侦探，装作阅读的样子而实则在观察周围人的一举一动。我有没有提到他还带了一个大行李箱，并且他的右手被一块血迹斑斑的手帕包裹着？所有质性研究都涉及选择和解释——对观察什么的选择以及对观察内容的解释。

研究希望实现什么

从数据资料中产生理论

对观察结果的解释可能会带来理论的产生，即在相较具体事件更为一般性的层面上对所发生的事情做出的一种解释。这一类理论是从数据资料（data）中产生的，而不是从逻辑上推导出来的。这里的一个例子应该有助于说明这一点。

当沃勒在家庭接入互联网的早期时代进行相关研究时，当时流行的理论是男性出于功能性目的而使用互联网，女性则用它来进行交流。然而，沃勒不是从这个理论出发然后寻找资料来支持它，而是以资料作为研究的起点。她观察了不同男性和女性如何使用互联网，以及他们对使用或不使用互联网一事是如何谈论的。例如，她观察到那些很"爷们儿"并且很会展现这种阳刚气质的男性研究对象努力把自己描绘成精通互联网的高手，即使在沃勒看来事实显然不是这样。还有一些研究对象对她说聊天室经常出现一些奇奇怪怪、令人讨厌的人，他们都表达出了对于访问聊天室的反感。她对此所做的解释是，这些人以他们不去使用聊天室作为显示自己是"正常人"的一种方式。基于这些从丰富而复杂的资料中所观察到的各种例子，沃勒形成了一个理论，即人们会对使用或不使用互联网赋予特定的意义并以此作为一种表现自我的方式（Waller, 2012）。

在性别差异方面，沃勒的理论与声称男性出于功能目的而女性出于交流目的使用互联网的理论相反。她并不试图去理解人们赋予网络的意义——这种意义因性别不同而呈现模式上的差异；相反，她认为人们实际上是通过对自己使用或不使用网络的行为赋予特定意义来表现性别角色的不同。这就使得那些不适用于现行理论的案例获得了解释的可能。

由质性资料产生的理论是对所发生的事情进行的概念化或思考，它描述和解释了研究者观察到的大部分内容。沃勒的理论正确吗？这个问题的提出可能受到了某些误导。根据格拉泽和施特劳斯（Glaser and Strauss，1967）的说法，对数据资料中产生的理论而言评价的标准是它是否与资料相契合，是否易于非专业人士理解，是否具有适用于其他情况的可推广性，以及是否允许使用者在研究时施以一定的控制。

虽然理解和解释是所有质性研究共同的目标，但研究在多大程度上致力于理论的生产则不尽相同。那么质性研究还希望实现哪些目标呢？

有用且合乎伦理的研究

大多数研究人员希望他们的研究既有用处又合乎伦理，但关于什么样的研究才是有益且符合伦理的，不同研究范式所持的看法却并不一致。实证主义研究的目标是试图找出事实的真相，而后实证主义研究则力图尽可能地接近真相。如上一章所述，这就好比试图用"上帝的视角"来看待发生的事情。我们很少见到质性研究采用这一类研究范式并以此作为研究目标。

批判主义研究者为实现社会变革而进行研究。邓津和林肯简明扼要地表达了批判主义范式下质性研究的目标："我们希望社会科学能在社会正义、公平、非暴力、和平和普遍人权的问题上有所作为。"（Denzin and Lincoln；2011：11）对研究主题的选择也反映了这一点，例如批判主义研究者可能会研究服装制造业中外勤工作者的工作条件，或者土著居民进入劳动力市场的情况。研究种族与健康关系的批判主义研究者希望他们的研究能够改善那些在社会和经济上最为边缘的种族群体的地位。在研究角色以外，批判主义研究者也常常是代表研究对象的倡导者或活动家。

在建构主义传统下研究者的动力可能来自为那些平常不受重视的群体创造发声的机会。例如，戴维·卡普（Karp，1996）关于抑郁症的研究不是去寻找抑郁的原因或治疗办法；相反，他感兴趣的是抑郁症患者如何理解发生在他们身上或周围的事情，他们对精神病学和药物治疗的看法，以及他们如何处理与家人和朋友的关系。有时候，实施研究本身几乎就是研究的目的，因为讲述自己的故事对研究参与者来说就是一种不可思议的被

第 2 章　质性研究的目标

赋权的体验。研究种族与健康关系的建构主义研究者可能希望那些正承受着鲜为人知的健康问题的少数族裔群体能够拥有讲述自己故事与经历的机会。

评判研究的质量

质性研究经常被批评为是不可靠的、无效的或者不客观的。正如你将看到的，关于可靠性（reliability）[①]或客观性（objectivity）的批评常常反映出人们对不同类型研究在目标设定上的认知混淆。评价一件抽象艺术品应该根据它的逼真程度来判断吗？当然不是。请注意，只有在特定价值观和信念体系的前提之下我们才能够评判一个人是否过上了美好的生活。同样，研究的质量只能根据一套关于研究的价值观和信念（即研究范式）来加以评价。所有质性研究都需要是有效的，在接下来的章节中我们将讨论实施特定质性研究方法和资料分析方法的理想实践模式。不过，一般而言关于如何确保质性研究有效的看法因范式而异，这一点应该是一目了然的。一个想要尽可能接近真相的后实证主义研究者对质性研究的认识将会明显有别于一个希望让人们的经验和理解得到表达的建构主义研究者所持的看法。

可靠性和客观性：房间里的大象

认为质性研究不可靠的批评者往往忽略了研究范式这一前提。在社会研究中，"可靠性"一词具有非常特殊的含义。它意味着如果一项研究由其他人执行或者换一组新的但特征相似的研究对象来参加，都可以获得相同的结果。如果你研究的目标是客观事实，那么这一点当然是无可辩驳的。你希望通过研究去发现客观事实，而无关于谁来实施研究或哪些人来

[①]　可靠性也译作"信度"。——译者注

参与研究。因此，实证主义和后实证主义研究力图使资料收集和资料解释足够可靠。就资料的收集而言，这意味着研究人员要采用透明和冷静的研究方法，避免研究者和研究对象之间的关系性质可能对研究造成的任何影响。在关于访谈的一章中给出的例子应该能够更清楚地说明这一点。而就资料的解释来说，可靠性意味着资料（例如，访谈资料）的编码要依照透明的规则来进行。编码者间信度（intercoder reliability）是测量不同编码者在多大程度上以相同的方式进行资料编码的一种定量指标。例如，对于同一个访谈如果卡伦的编码方式与维维恩高度一致，那么它的编码者间信度就是90%。

  对于批判主义或建构主义传统之下的研究而言可靠性或信度并不是一个合适的目标，因为所谓客观事实的存在只是一种虚无缥缈的说法。批判主义和建构主义研究认为，不同的研究者由于其身份角色、生活经历等方面的差异而拥有不同的局部性视角。根据这种观点，如果一项研究由其他人进行复制，可以预见其结果必定不会完全相同。在资料收集的过程中，不同的研究者与研究主题和研究对象之间建立的关系也将有所不同。至于资料的分析，众所周知由于质性资料的编码往往涉及某种程度的主观解释，因而难以完全遵守透明化的规则。这就使得测量编码者间信度成为一种不明之举。除非数据资料已经做过结构化处理，例如将每一个回答都按照严格明确的规则而纳入一个或多个类别，否则，计算反映编码相似程度的数量指标是极其困难的。质性资料很少会呈现出这种结构化的特征。在批判主义或建构主义的研究团队中，研究者们并肩合作需要的不是信度，而是要就资料收集和解释能否采取共同或一致的方法寻求对话与协商。研究团队中编码的一致性可以通过交叉编码、团队编码和定期讨论来得到提高。

  由于可靠性依附于有关客观事实的观念，你可以看到可靠性与客观性是密切相关的。反对质性研究的另一个常见说法是它不够客观。然而只有实证主义者或后实证主义者才相信我们可以客观地了解某些事物。秉持建构主义范式的人们认为，我们如何认识事物取决于我们从哪个角度出发以及我们是谁。

第 2 章　质性研究的目标

你可能听说过六个盲人通过触摸来描述大象的印度故事（www.jainworld.com/literature/story25.htm）。每个人对大象的样子都有不同的描述，因为他们每个人触摸的都是大象不同的身体部位。他们对大象的描述从柱子、绳子、粗树枝、大扇子、巨大的墙到实心管子，可谓是五花八门。有人只摸到了大象的鼻子，就把大象描述为像一根粗壮的树枝；有人只摸到了大象的尾巴就把大象描述为像一条绳索；还有人只摸到了大象的腹部就把大象描述为像一堵坚固的墙壁。

这个故事的结局是，盲人之间的争论随着一个可以看到大象所有身体部位的智者的到来而结束。故事最后给出的解释是每个人的理解都是正确的，因为每一个盲人都是从一个局部性的视角出发来认识大象的。那么，这样一个拥有全局和客观视野的智者是否存在呢？只有那些奉行实证主义或后实证主义传统的人才会这样认为。而那些遵循建构主义传统的研究者所致力的目标是"具身的客观性"（Haraway，1991：188）。这种对客观性和有效性的理解认为研究存在着众多有效和客观的版本，其合法性存在于它们都是"基于某种立场的观点"（Haraway，1991：196）。就这个故事而言，没有哪个关于大象模样的描述会比其他解释更加真实；每一个描述都是那个盲人在特定位置上得到的认识，它们都是真实的。换句话说，每一个叙述都展示了"具身的客观性"。

可信度（trustworthiness）比可靠性更合适作为质性研究的目标。为了使你的研究足够可信，你要能够证明你已经严格遵守了所选研究范式的标准原则。例如，后实证主义研究中编码的可信度涉及编码者间信度，而批判主义或建构主义研究中编码的可信度则主要体现在方法的一致性上。

有效性目标

如上所述，质性研究经常被批评者认为是无效的研究。实际上，毫无疑问所有的质性研究都追求有效性，但对于有效意味着什么却存在不同的理解。在量化研究中，有效性（validity[①]）最简单的定义是研究实际上测

[①] 有效性也译作效度。——译者注

量了它想要测量的内容。在质性研究中，这个概念则没有那么直接明了。借鉴梅森（Mason, 2002）的观点，我们可以对资料产生的有效性和资料解释的有效性做出区分。

资料产生的有效性

就资料产生的有效性而言，在研究的具体目标以及支撑它的信念和价值观的前提之下用于产生数据资料的方法（例如观察或访谈）需要有其内在合理性。同样以考察种族与健康特别是肥胖之间关系的研究为例，我们将首先简要介绍这个概念在每一个研究范式之下具有的含义，然后再回到解释的有效性问题上（我们将在第5章中更详细地讨论如何为你的研究选择有效样本）。

除了极少数的例外情况，后实证主义研究明确建立在现有知识的基础上，这就涉及使用已经建立起的知识类别。在研究种族与肥胖之间的关系时，后实证主义研究者将按照既有的种族类别和肥胖类别来选择他们的研究对象。每个类别都涉及用一套规则或程序来确定每个研究参与者的种族状态或肥胖状态。例如，种族可以根据诸如出生国家、父母出生国家、第一语言或特定文化习俗等特征来确定。有效性要求被划分为特定种族类别的研究对象所具有的特征符合人们关于该种族类别的既定认识。种族类别是否与研究对象自身的种族身份认同相一致则与有效性无关。类似的，肥胖状态也将参照一系列既定的标准来确定，可能通过被访者填答问卷或进行物理测评等方式来实现。只有在确定了研究对象的种族和肥胖状态后，研究才能够聚焦于肥胖与种族之间关系的相关议题。

对于后实证主义的研究者来说，有效性的另一个要点是资料收集方法（例如，观察、访谈或焦点小组）能够生成关于研究事物的准确图景。一个重要的问题是，资料收集手段要能够保证研究对象诚实和自由地发言。例如，在焦点小组里是否所有研究参与者都认为自己能够平等参与是非常重要的。把十几岁的女孩和男孩放到一个焦点小组里讨论肥胖问题可能就不是一个好的设计，因为男孩女孩可能因为持有视角的不同而面临压力，这就很可能令一些参加者感到不适或者隐瞒某些相关信息从而以特定的方式来展现自己。

批判主义研究者并不像后实证主义研究者那样，通过将研究对象与既有的种族和肥胖类别正确匹配来提高研究的效度或有效性；而是与之相反，他们并不认为这些已经确立的类别就应理所当然地成为研究的依据。批判主义研究的有效性恰恰是通过对这些类别的质询而得到提高的。因此，批判主义研究者可能会去考察研究对象对种族的理解和体验如何，以及这些与有关肥胖的理解、认知和生活经历如何产生交互。例如，那些认同丰满身材更受欢迎这种审美文化的年轻女孩可能会与那些耳濡目染北美明星文化的女孩在对肥胖的理解上存在差异。批判主义研究者甚至可能会故意把少男少女们放在同一个焦点小组中来讨论肥胖问题。他们并不担心这种安排可能扭曲所产生的资料，而是相信两种性别如何围绕肥胖话题进行互动，就像参与者个人谈论或不谈论肥胖一样都向我们传递了丰富的信息。

在建构主义研究中，资料产生的有效性通过使研究对象积极参与研究过程——包括决定什么才能构成数据资料——而获得提升。建构主义研究的资料产生过程对研究参与者而言应当是一个赋权的经历。比如，不要在不经意间给研究对象贴上某些可能会有损他们自信心的标签就至关重要。

不管基于哪种范式，请受访者来确认所收集资料的准确性都能够提高资料产生的有效性。这一方法在处理访谈资料时最富成效。我们可将访谈记录返回给受访者，以便让他们来核对自己所说的话是不是被正确理解以及他们对这些表达有没有什么顾虑。不过，这种做法并非总是可行的，因为受访者对此可能会不感兴趣或者缺乏足够的能力。

资料解释的有效性

总体而言，资料解释的有效性与你分析过程的严谨程度以及你使他人理解的能力有关。正如梅森所说，"你应该能够并且已经准备好追溯你的解释路径"（Mason，2002：191）。你如果正在生产理论，那么"不能够轻易满足，除非你的概括能够应用于你手中相关资料的每一处细节"（Silverman，2011：379）。你需要感到满意的是，你已经探讨了所有可能的替代解释，并且可以证明是什么让你的解释力更强。

一些学者主张表面效度（face validity）（Babbie，2007）或明显效度（apparent validity）（Kirk and Miller，1986）。这种观点基本上在说，研究的解释应该看上去是合理的。然而，尽管这似乎是常识，但依赖表面效度可能会使研究者发现不了一些超出预期的解释。无论资料的解释是否具有表面效度还是有悖于该议题的传统看法，研究者都需要能够证明他们如何得出对资料的解释。

除了梅森和西尔弗曼（Silverman）关于在解释过程中保持严谨以及能够证明解释的合理性等建议以外，解释的有效性就其某些方面而言只适用于特定范式的研究。在后实证主义研究中为了使数据解释被证明是有效的，研究证据必须开放给研究者以外的人以供他们仔细审查。

一些后实证主义研究者采用三角测量以证明其有效性。术语"三角测量"（triangulation）最初指的是利用三角形的数学特性来精确定位某个位置的技术。在社会研究中，实证主义范式内研究方法的三角测量意味着使用多种方法来确定研究问题的准确答案。换句话说，如果不同方法产生的结果相同，就认为研究结果的有效性得到了提升。但是，反之则不然。研究结果的差异性并不能否定研究的有效性。与其说结果的冲突或资料的矛盾是一个问题，倒不如说它向我们表明了进一步探究矛盾何以产生和存在的需要。正如皮埃尔·布迪厄（Pierre Bourdieu）所说：

> 为了能够看到并描述世界，你必须随时做好准备去处理那些复杂、混乱、污浊、不确定的事情，所有这些都是与知识严谨性的一般认识背道而驰的（Bourdieu et al.，1991：259）。

因此，在三角测量中后实证主义者使用多种方法来接近事实。与之相反，从建构主义或批判主义范式出发的研究尽管也可能使用多种方法，但其目的是获得多样化的视角。这种对多元方法的使用并不是三角测量，因为这里不存在三角互证的意图，也就是说并非要借助多种视角来接近那个唯一正确的视角即"上帝的视角"。

在批判主义研究中，对资料的解释需要明确考虑到研究对象进行社会活动所处的社会结构。回到我们前面的例子，除非考虑到肥胖的文化、政治和经济因素，否则批判主义研究者所做出的解释不太可能被认为是有效的。

对建构主义研究者而言，有效性也意味着对研究的解释需要与研究对象自身对事物的解释保持一致，并且这种解释应该能够赋予他们力量和增进人们的理解。因此，举例来说，在解释发生了什么时研究者应当关注研究对象赋予不同体型的文化意义。研究者用以提高解释效度的典型策略是，让研究参与者通过写故事或者画图的方式来表达在他们心中与研究主题有关的重要东西。另一个例子涉及对男性性行为研究的报告。如果你在一项对男性的研究中使用了"同性恋"一词，而这些研究对象却认为自己是与男性发生性行为的异性恋者，那么这一表达就是无效的。

建构主义范式下的研究者可能也会请研究对象来确认自己对研究资料的解释是否有效。这种做法被称为**应答者验证**（respondent validation），通常是将研究者关于研究对象的文字记录提供给每一位研究参与者并询问他们是否认同这样的解读。

不过，正如西尔弗曼（Silverman，2011）所说，在批判主义或后实证主义研究中进行应答者验证可能没什么意义。可能研究的参与者不了解社会学框架，对其缺乏兴趣，也可能研究者所写的内容与他们对自身形象的认知有所不符。上述最后一点可能会使批判主义研究者陷入两难困境，因为改善某些社会群体的劣势处境是他们固有的研究追求，并且他们明确地将权力结构纳入研究分析之中。这意味着批判主义研究者对某一群体的惯常行为做出的剖析可能是坦率直接和不留情面的。换言之，批判主义研究者意欲向其揭示结构处境并减少其结构劣势的对象群体自身可能会拒绝研究并感到权力被剥夺。

建构主义研究的反身性

在那些践行建构主义和批判主义传统的研究者看来，反思自己在任何一个研究中的参与是有效性不可或缺的一个部分。这意味着他们需要关注自身的经历、价值观和期望如何塑造和影响他们的研究。正如盲人摸象的故事一样，这并不等于说这样的研究是不足为信的。相反，他们坦承所有的研究都是基于某种立场之上的观点——无根无源的"客观"视角根本就不存在。反身性要求意识到自己作为研究者的身份，自己、研究者和研究对象之间的权力关系，以及所有这些如何影响研究的实施、产生资料的类型和质量与你对此做出的解释。

沃勒关于家庭互联网使用研究的例子说明了研究者的自身特点怎样对资料的产生造成影响。沃勒作为一个年轻的女性研究者在讨论互联网色情问题时颇感不适，特别是当她面对那些每晚偷偷花上数小时来上网的男性被访者时。结果，沃勒针对访问网络色情内容这一问题所收集到的唯一资料就是父母对儿童使用互联网的担忧。

另一个例子涉及成人研究者试图进入儿童世界时所面临的困难。在这类研究情境中，成人研究者与儿童之间存在着不平等的权力关系。而这种不平等权力关系的一个后果就是，孩子们可能会尝试向成年研究者提供他们认为研究者想要的答案。当然，这也可能发生在对成年人的研究之中。

还有一个例子是沙兹曼和施特劳斯（Schatzman and Strauss，1991）对一个刚遭遇过龙卷风的社区的研究，这个例子说明了"我们是谁"如何影响我们对资料的解释。沙兹曼和施特劳斯根据受教育和收入情况把研究对象分层，发现中产阶层比工人阶级更擅于使用多元视角来描述所发生的事情。然而，他们也承认身为中产阶层的研究人员，他们可能还没有理解一些嵌入工人阶级谈话方式的文化代码。

反身性意味着关注我们自身的方方面面如何影响资料的收集和分析，即便我们永远不可能完全了解我们作为研究者所产生的各种影响。

结语

虽然只有一部分研究致力于理论生产，但所有质性研究都应该追求有用、合乎伦理、可信和有效的目标。本章我们展示了在不同的研究范式中

第 2 章　质性研究的目标

关于研究可靠性（或信度）和有效性（或效度）的理解存在着哪些差异。

表 2.1 总结了研究范式之间的基本哲学差异，说明了研究的总体目标如何由于这些基本信念和价值观的相异而有所不同。

表 2.1　研究的潜在哲学基础

研究范式	实证主义	后实证主义	批判主义	建构主义
社会现实观	社会结构具有独立存在性	社会结构具有独立存在性	社会结构是人类意识、价值观、偏见以及不平等权力的产物	社会现实（可能包括"物体"在内）是局部的和具体的，由表征、话语和实践积极建构而成
研究者与研究发现的关系	客观性	追求客观性	研究人员在研究的主题、目标、设计、执行和使用方面设有进步性的政治议程（正义、公平等）	研究者是谁影响着他们得到什么样的研究发现
如何找到答案	测量和推断客观可靠的方法 研究者的专业知识 收集社会事实	测量和推断客观可靠的方法 研究者的专业知识 收集社会事实	反身 质询现有结构	反身 研究参与者的经验与发声 研究者与研究对象共同建构研究结果社会事实
目标	捕捉客观的、可测量的真相	尽可能接近客观事实	创造积极改变 提出可能的替代解释	让研究对象发声 为研究对象赋权

表 2.2 显示了这些潜在的哲学差异怎样转化以至融入关于如何进行研究的日常决策。请注意实证主义不在此表之中，因为它与质性研究互不相容。

表 2.2　关于质性研究日常决策范式的界定

研究范式	后实证主义	批判主义	建构主义
研究者相对于研究对象的权力	研究者负责	未定义	平等，并赋予研究对象权力
参与者发声程度	研究者解释所发生的事情	未定义	研究对象的声音至上

续表

研究范式	后实证主义	批判主义	建构主义
类别使用	把人分配到既定类别中	批判既有分类 研究人们的生活经历	研究人们的生活经历，可能无关类别 社会事实
研究者与研究对象的关系	理性的	倡导的	平等的
何为资料	研究者决定	研究者或研究对象决定	研究对象帮助决定
解释的有效性	研究者与类别正确匹配	质询类别 权力分析	符合研究对象的认知 研究者反思自身角色
资料产生的有效性	研究者对结果没有影响	研究对象被赋权	研究对象被赋权 基于某种立场的观点

阅读延伸

Charmaz, K. (2004) 'Premises, principles, and practices in qualitative research: revisiting the foundations', *Qualitative Health Research*, 14 (7): 976-993.

在这个主题演讲中，卡麦兹（Charmaz）引述了戈夫曼（Goffman）和她自己的研究，立足于社会建构主义范式阐述了有关质性研究目标和实施的观点。

Denzin, N. (2013) 'The death of data?', *Cultural Studies ↔ Critical Methodologies*, 13 (4): 353-356.

在这篇简短但尖锐的文章中，邓津对研究资料的后实证主义假设提出了挑战。

Patton, M. (1999) 'Enhancing the quality and credibility of qualitative analysis', *Health Services Research*, 4 (5), Part II: 1189-1208.

这篇文章基于项目评估者的视角写作而成，包含许多实用的建议。

Shenton, A. (2004) 'Strategies for ensuring trustworthiness in qualitative research projects', *Education for Information*, 22: 63-75.

这篇文章提供了明确的关于提高质性研究可信度的实践方法和建议，对实现研究信度和效度的实证主义方法与适合于质性研究的可能方法进行了比较。

Skeggs, B. (1994) 'Situating the production of feminist ethnography', in M. Maynard and J. Purvis (eds), *Researching Women's Lives from a Feminist Perspective*. London: Taylor and Francis. pp. 72-92.

在这一章中，作者以自己关于劳工妇女继续教育的民族志研究经历阐释了研究的反身性。

第3章

从主题到研究设计

本章内容

- 及时和可行的研究
- 主题和问题
  - 提出合适的质性研究问题
- 文献在研究问题设计中的作用
  - 撰写文献综述
- 将研究问题与方法联系起来
- 研究计划书
- 结语
- 阅读延伸

研究问题应该表达出研究的本质。因此，你需要在本体论、认识论上，最为重要的是在知识谜题方面对研究本质进行充分的思考，以便能够合理、清晰地形成研究问题。"研究问题"是你对知识谜题的一种正式表达（Mason，2002：20）。

第 3 章 从主题到研究设计

质性研究必须精心设计。无论研究是解释性的、探索性的还是描述性的，它都应该基于一个或多个明确的、适合进行质性探究的研究问题，这一点十分重要。有时，从事应用研究工作的研究者例如市场研究公司或政府部门的研究人员，会被指定探究某些研究问题。在学术研究环境中通常你需要去提出自己的研究问题，查阅与主题相关的现有文献因而至关重要。在本章中，我们将讨论研究主题与精心设计的研究问题之间的差异以及如何条理清晰地进行研究设计。我们还将反思在将概念模糊的研究主题转化为简洁明了、能够表达"知识谜题"（采用梅森的说法）的质性研究问题这一过程中文献所扮演的角色，以及讨论在研究设计中如何确保研究方法与研究问题的契合。你可以将这份建议方案作为你进行研究设计的参考路线图。

及时和可行的研究

在我们思考一个好的质性研究问题有什么特征以前，有必要先来探讨一项好的社会研究的一般标准是什么。

首先，你所投入的社会研究课题在知识和社会意义上都足够重要，值得为此进行研究。其次，你探寻这些问题的答案必须能够带来明确的益处，无论是对研究对象还是对广义上的社会知识而言。最后，问问自己为什么要做这项研究，谁将从知识中受益，以及这些知识产生的益处是否可能大于参与研究的潜在危害。这些思考非常重要，涉及研究的伦理和道德问题。我们将在第 4 章中对此进行更加深入的探讨。

无论新手还是有经验的研究者都必须考虑研究的及时性，特别是想以此获得经费资助的时候。在一些情况下研究资助方会设定优先研究的领域，了解这些信息可以帮助你选择容易获得经费支持的研究课题。不管有无必要去获取经费资助，也不管你是否有意参与政府优先考虑的研究议程，你都应当思考有没有令人信服的理由支撑你去做某项研究，或者那些相对不受重视的主题是否更值得你去关注。

你的研究设计也应当具有可行性，这意味着它在规模上相对于拥有的资源来说必须是恰当的。这里的"资源"包括金钱、时间以及接触目标人群的可能性，三者都非常重要。在经费资源方面可能需要纳入考虑的研究花费事项包括项目网站的建设和维护，研究人员或研究参与者的差旅，访谈记录的转录，研究辅助人员的聘请，以及通信、场地或设备租用，向相关社区提供的纸质或电子形式的研究结果反馈等。你的时间同样是宝贵的资源，在对项目的复杂程度进行预估时需要考虑到这一点。举个例子，如果你知道你只有两天的时间来收集资料，也没有条件雇请别人来协助你，那么设计一个包含 20 个小组访谈的项目就是毫无意义的。同样，想要尽可能充分地接触你的目标环境和对象也需要前瞻性的思考和规划。如果你希望从学校获得许可以便在教学时间进行学龄儿童的相关研究，那么你需要什么样的许可，它容易实现吗？如果没有得到许可，那么你的备选方案是什么？

主题和问题

在开发新项目之初，无论是学生还是经验丰富的研究人员往往都面临着相似的情形，即脑子里只有关于研究内容的粗略概念。他们或许可以用一个或几个词来表达关于主题的想法，但没办法做出更精确的描述。比如，你可能知道你对性和衰老、女性和工作、留学生的经历或者借助辅助生殖技术组建家庭的议题感兴趣，这些都是质性社会研究的完美主题。然而，这些宽泛的主题仅仅是一个起点。如果没有更完整的一个问题或一组问题，研究的聚焦将会困难重重，整个项目的顺利完成也变得遥不可及。

提出合适的质性研究问题

很重要的一点是，必须确保你的问题的确可以通过社会研究来找到答

第 3 章　从主题到研究设计

案。这一点似乎是不言自明的，然而新手研究者常犯的一个错误就是设计的问题无法通过经验技术来进行调查研究。例如，研究者可能打算从"堕胎应该合法化吗"这个问题出发来设计一个项目。虽然这是一个具有重大社会意义的研究问题，但它并不能仅仅依靠研究者去询问人们如何看待堕胎行为，或者观察新闻媒体如何呈现堕胎话题就能给出答案。这些信息可以让研究者获知人们对堕胎的看法如何相似或相异，或者堕胎是否在某些媒体评论中显得更为正面，但却不能令他们回答"堕胎是否以及为何应该合法化"这一更富伦理和哲学意味的问题。涉及"应该"的问题通常需要通过更为抽象的论证来回答，而不是通过社会研究获取的资料来提供答案。

　　质性研究问题通常以"如何"或"什么"作为开头，体现了归纳性社会研究的原则。归纳研究产生关于社会世界的理论、知识和命题，而不是去验证那些精心设计的、预先确定的理论或假设。它有助于我们探索社会过程或意义、事物的发生演变以及人们对生活经验的理解。精心设计的质性研究问题通常可以帮助我们详细描述或说明特定背景下的社会现象。质性研究问题往往更具有开放性和探索性，在研究分析环节中产生的思维活动要比设计阶段更为丰富。相较之下，量化研究问题通常蕴含着关于社会世界的假设有待研究者加以验证，问题的焦点更为突出，内容更加具体。以下关于辅助生殖技术的问题很好地呈现出这种对比：

　　量化问题：是宗教信仰还是科学信仰能够更好地预测借助辅助生殖技术组建家庭的行为？

　　质性问题：是什么促使男同性恋者为女同性恋者或单身异性恋女性进行精子捐赠？

　　有时你需要不止一个研究问题，在这种情况下你的问题在逻辑上相互关联和互补就相当重要。研究人员常常会提出一个初始的、宽泛的研究问题，其中嵌套着其他更为具体的问题。例如，一位健康研究者可能有兴趣了解女性或男性在发现自己是被称为 BRCA1 和 BRCA2 的罕见乳腺癌基因的携带者时会有什么样的表现。不过他们可能会对此做出更多的探索，指导此类研究的三个相关研究问题可能如下：

（1）是什么促使女性和男性接受 BRCA1 和 BRCA2 基因突变检测？

（2）在结果为阳性的检测者中，有哪些考虑会影响他们做出的治疗选择？

（3）结果为阳性的检查者如何协调潜在的"基因风险"与健康状态下的生活？

在上面的例子中，第一个问题是关于人们为什么接受检测的一般性问题，而后面的两个次级问题则具体涉及检测结果呈阳性所产生的后果。

尽管质性研究问题通常比量化研究问题更富有开放性和探索性，但这并不意味着它们在概念上应该是模糊的。专栏 3.1 讨论了两个研究问题，它们都是由参加质性研究方法课程的学生设计的。

专栏 3.1

由学生设计的两个研究问题

- 国际学生对永久移民澳大利亚有什么感觉？
- 身居管理职位的女性如何协调时间使用策略以兼顾母职和受薪工作？

第一个学生以"国际学生的经历"为主题，而第二个学生对"性别与工作"有着浓厚的兴趣。从表面上看，这两位学生都将他们关注的主题发展成了更加具体明确的研究问题。他们的问题都旨在探索社会过程的"如何"，因而都适用于质性研究。两者都是从经验上可被研究的问题，因为它们可以通过诸如访谈或焦点小组等研究方法来得到答案。

然而，如果我们将第一个问题与第二个问题进行比较，那么第一个问题的表述就显得非常模糊，因为研究的范畴并不是很清晰。比方说，这个项目是想要探知国际学生如何看待个人移民澳大利亚的前景，

第 3 章　从主题到研究设计

> 还是试图了解他们关于社会中移民现象的思考而非局限于本人的移民计划或愿望？这个问题是针对那些留学澳大利亚，继而成为永久居民的国际学生吗？另一个问题是它使用了"感觉"这个词，对于研究问题而言这是一个非常模糊的概念。这个词是否意指学生可能拥有的态度、观念或经历？此外，"永久移民"的哪个方面是研究者的兴趣所在？当然，我们也可能对"永久移民"这个概念产生疑惑。这个短语指的是政策制定者或移民研究者常称的合法移民吗？它是指澳大利亚永久居民还是仅取得澳大利亚公民身份的人？这个研究问题能够引发许多有待澄清的其他问题，这些都表明想要确立一个更加清晰明确的研究问题仍有很多工作需要完成。
>
> 第二个问题也存在改进的空间。虽然很明显研究者感兴趣的方面是那些担任管理职位的母亲如何使用时间，但"协调"一词却有些含糊不清。它是否意味着母亲如何自我安排时间以适应她们的照顾责任和工作职责，或是她们如何与工作伙伴和雇主就家庭劳动分工和工作时间等问题进行艰难的协商？在获得导师的反馈之后，写下第二个问题的学生把它进一步调整为："处于管理职位和双收入家庭中的女性如何安排她们的时间使用和设置时间分配的优先顺序以兼顾母职和受薪工作？"当学生被要求思考"协调"一词的真正含义时，她意识到她更加感兴趣的是女性应对照顾和工作双重角色所使用的个人策略，而不是与工作伙伴和雇主如何协商的问题。

质性研究问题应该在概念上清晰、准确，同时在知识方面也富有趣味，这一点的重要性难以尽述。这与本章开头的引文中梅森（Mason, 2002）的观察一致，即进行社会研究类似于解决"知识谜题"。对于在学术环境中工作的研究者来说，要使研究主题转化为概念明确和富有知识趣味的研究问题通常意味着要对学术文献进行充分挖掘，现在我们就来谈一谈既有文献如何帮助研究者进行研究设计。

文献在研究问题设计中的作用

由于所处研究背景的特点，你要探索的研究问题可能来自他人的指定，并且可能难以从现有的文献中得到参考。如果你是为私营公司或政府部门进行政策导向的市场或社会研究，这种情况更是十分常见。

不过，一般来说在项目的早期阶段进行广泛的阅读将有助于你提出良好概念化和具有知识趣味性的研究问题，使你的研究设计更加紧凑和连贯。你如果是在学术环境中进行研究，那么应该对现有的学术文献进行全面回顾。这里所说的"学术文献"主要是指和你的研究主题相关的著作、图书章节和同行评议的期刊论文。尽管维基百科和其他网络资源也能激发你的灵感或增进你对主题参数的理解，但你仍然需要通过阅读书籍和同行评议的期刊论文来了解在这一主题上业已完成的理论和经验工作，由此把你的想法发展成焦点明确的研究问题。研究生和学术研究者应当熟悉所在校园图书馆的在线数据库，并利用各种关键词来检索相关资料。

沉浸于文献中可以帮助你领会不同的研究范式如何为不同的研究设计提供支撑。如第1章所述，我们关于"什么是存在的"以及"什么可以被认识"的假设影响着我们的研究问题和研究设计，因为这些假设包含了我们当前研究的议题可能涉及的政治、哲学和道德问题。下面的例子展示了我们对社会现实的假设如何引导我们提出研究问题。

想象一下，你有兴趣进行一项关于妊娠代孕的研究。这种生殖辅助技术能够使女性通过体外受精的方式怀孕，然后将诞下的婴儿交由他人抚养。商业代孕诊所在美国的一些州已经运营多年，在一些欠发达国家如印度和泰国正成为利润丰厚的商业经营项目。

你的研究问题将取决于并且要求你审视自己关于怀孕和母职本体论地位的看法。例如，你是否认为怀孕、生育和做母亲作为根本意义上的自然过程在商业代孕活动中受到了侵蚀？或者，你是否将这些理解为虽然受到技术的调节但未必是一种消极存在的社会过程？倘若你持有的假设认为怀孕是或应该是一个自然的过程，那么你提出的研究问题则更有可能带有对商业和妊娠代孕或明或暗的批评。

我们继续用这个例子来说明你对研究者与研究结果之间的关系持有何种假设会如何影响你的研究设计。你如果阅读了大量有关代孕的文献，就可能会发现该领域的作者和研究者直接或间接地表达了一系列的认识论假设。你也会发现女性主义的认识论常常与此有关，然而从女性主义视角出发来思考这一议题也会存在着许多不同的路径。

如果你基于批判主义取向的女性主义假设来探讨代孕话题，你的研究设计就很可能会截然不同于那些立足建构主义取向的女性主义假设的研究设计。受批判主义取向的女性主义假设指引，研究者可能希望那些印度或泰国妇女得到解放，从而不再需要通过这种生殖劳动来赚钱。研究问题可能指向一些针对印度代孕母亲或相关医疗专业人员的干预办法或政治策略，其更广泛的社会目标是提高女性的生活质量和控制她们的生殖劳动。相反，研究者若立足于更具建构主义色彩的女性主义假设，可能并不认为这种做法是有害的，或者认为研究目标是要求实现女性生活方面的社会变革。相应的，研究问题可能会被表述为理解女性如何成为代孕母亲，以及为什么她们更愿意选择或利用这种方式而不是其他可以在本地找到的工作来赚取收入。

阅读现有文献将有助于厘清你所探讨的主题为什么以及对谁而言是有趣的或重要的。这里所说的文献并不局限于学术文献，还包括那些在政府部门从事应用研究的决策者或研究者所撰写的报告、文献综述和政策文本等"灰色文献"（grey literature）。正如本章前面所讨论的那样，只有你自己感兴趣的研究工作是没有意义的，研究必须有更广的受众群体而且应该具有一定的社会效益。广泛阅读将有助于理解研究主题的宏观社会背景以及与之相关的法律和政策议题，能够令研究者认清在当下这一主题的哪些方面更值得去关注和探讨。

学术研究者常常是在学科知识或专业领域的范畴之内进行工作的，因此阅读文献将会使你看到感兴趣的研究领域中存在的学科分野。例如，法律学者、社会学家、医生、心理学家、人类学家和社会工作者都发表过关于妊娠代孕的研究。虽然接受资助的研究通常会秉持"跨学科"的视角，但理解学科差异仍然是找到一个易于把握的研究焦点的重要途径。社会工作者或心理学家在研究妊娠代孕时可能会对如何在临床访谈中为有意向的父母和/或代孕者提供咨询这类研究问题感兴趣，但这一话题却不太可能引起社会学家或人类学家的热情。学科背景使然，他们可能更愿意去探讨生殖辅助技术如何更广泛地影响家庭关系的表达和概念化。借助你所在学科中已经得到应用的相关概念来探讨由研究主题所延伸出来的诸项议题，发现理解和诠释这些概念的不同路径，将有助于提出在专业领域中富有知识趣味性的研究问题。

最后，阅读学术文献的一个关键作用是能够帮你确定自己对知识做出了原创性的贡献。社会研究应尽可能地建立在以往工作的基础之上，在没有恰当理由的情况下不应故意重复已经完成的研究，这一点至关重要。这样做不仅浪费资源，而且可能对参与者的生活造成不必要的干扰。与此同时，原创也并非意味着你总是需要创作一种全新的或者与前人工作截然不同的东西，想要提出原创性的研究问题有很多温和的途径可以选择。

阅读文献将帮助你发现一系列可以做出原创性贡献的方法。发表于学术期刊上的文章通常是一个很好的起点，因为在这些文章中你会经常发现关于现有研究"空白"（gaps）的明确字眼。在许多社会科学学科中，研究者习惯于讨论他们的研究在参与人员、研究问题或样本招募等方面存在的局限性，并抛出关于未来研究主题或问题的建议。有时研究者会发表一些全面性或"综合性"（integrative）的文献综述，在这些综述中他们会回顾特定领域的知识成果，并为未来的研究指出值得探索的方向。即使文献中没有指出前人工作的具体空白或局限，阅读期刊文章也能常常启发你去思考如何做出一些不同的研究从而收获一些好的思路和想法。例如，在仔细阅读现有文献时你可能会感到不够满意，因为你认为这些研究者提出了错误的研究问题，或者认为他们解释资料的方式不能令人信服，这些感觉都能够激发出你自己的想象力。

如果在你的研究主题上所发表的文章数量很少，你就需要对如何寻找相关文献进行一些创造性的思考。有时,研究问题和研究设计会在研究者决定转换理论体系来分析社会环境或社会问题的过程中浮出水面,或是在扩展现有概念/理论框架以涵括新的主题或环境的过程中渐趋清晰。

总而言之,你应该阅读以往的研究文献,这将有助于你解决以下问题:

- 思考为什么研究问题指向的议题是有趣或重要的,并坚定你的想法。
- 改进你的研究问题。
- 找到或设计主要概念。
- 确保你的问题尚未在以往研究中得到满意的回答。
- 阐明不同的哲学立场如何指导不同的问题解决方法。

在对研究设计进行概述的研究计划书中撰写文献综述通常是不可或缺的一个部分,对此我们建议采用以下方法。

撰写文献综述

文献综述的第一部分可以被视为"背景"部分,在这里你将对研究主题的社会背景以及该领域的整体研究情况做出介绍。背景部分包含的信息通常需要回应以下问题:

- 研究这个主题为什么很重要?
- 在构思研究的过程中借鉴了哪些理论?

当你得到这些问题的答案时,你可能也已经认识到这一主题与更广泛的知识和实际问题有着怎样的联系。当你完成研究以后来撰写论文、报告或文章时,这一节内容也可能会扩展为你的导论/背景部分。

文献综述的下一部分主要讨论你所在领域已有的社会研究以及这些研究如何相互关联。综述的末尾通常是对研究空白的说明,来自你对现有文献的分析总结,由此你提出自己的研究问题以及实施研究的方法和策略计划。

研究计划的背景和文献综述部分应该以现有文献为支撑充分论证为什么你的研究是必要的,而不是对所在领域的其他研究进行简单的罗列和描述。在撰写文献综述时有必要清楚说明你所讨论的这些研究是如何相互联系的，你自己的"声音"或者说对文献的看法应该被清晰地表达出来，如专栏3.2所示。

专栏 3.2

文献综述示范段落

该段的第一句话清楚地表明了主题以及作者的观点。

围绕这一主题取得的不同研究成果在本段中得到了归类和讨论。

当代姓氏习俗的父权制先例在文献中已得到明确记述。在历史上，盎格鲁-撒克逊人和其他一些欧洲文化中的已婚妇女改随其丈夫的姓氏，子女随其父亲的姓氏，从而作为男性法定财产而获得身份的扩展（Gittins，1993）。正如珍妮特·芬奇（Finch，2008）提醒我们的那样，妇女婚后改名作为女性受压迫的有力象征在20世纪60年代和70年代时受到了第二波女权主义者的极大挑战。例如，杰西·伯纳德（Bernard，1973）声称，女性在婚后改名表明了其在夫妻关系结构之中处于相对劣势的地位。对于妇女解放运动时代那些激进的和更加自由的女性主义者来说，改名意味着一个妇女愿意把自己作为女性和人的个体身份当作祭品奉上父权主义的祭坛。纽金特（Nugent，2010）在他最近的研究中指出，女性和儿童随丈夫、父亲或男性伴侣的姓氏正是"父权红利"（patriarchal dividend）赋予男性种种社会和象征优势的一个坚实例证。

请注意，专栏3.2中的文献综述是作者为建立富有说服力的论据精心组织而成的，其目的是为研究女性赋予姓氏的含义提供支持。

将研究问题与方法联系起来

一旦你完成了足够的阅读，能够提出明确的研究问题，并且撰写了文

第 3 章 从主题到研究设计

献综述的初稿，就需要考虑从哪里以及如何获得回答问题所需的数据资料。通过其他来源获得的资料能够满足你回答研究问题的需要吗？或者你需要新的研究资料？现有的资料源种类繁多，包括传记、历史档案、政策文件、报刊文章、日记、博客以及社交媒体数据〔如脸书（Facebook）的公开帖子〕。如果合适的话，使用这些类型的资料源将会非常方便和经济。当然，你也可以通过收集或观察或是请参与研究者收集或观察的方式来获得资料，包括深度或小组访谈、焦点小组、实地观察以及通过拍照或录制短片获得视像资料。

你的研究问题将"驱动"你采用适合的方法来探寻答案，而不是相反。回想一下我们之前讨论的一个研究问题，它的最终版本是，"处于管理职位和双收入家庭中的女性如何安排她们的时间使用和设置时间分配的优先顺序以兼顾母职和受薪工作"。

这个研究问题的内在逻辑要求询问那些身居管理职位的母亲在安排时间和分配时间方面所使用的策略。你可以通过多种途径来完成这一工作。例如，你可以一对一地采访这些女性，也可以组织一个焦点小组。被访者对问题的回答依赖于她们的记忆，所以你可能会发现询问这些女性在时间管理方面的一般做法是没有问题的。但相比之下，写日记的方式则能为你研究她们安排和分配时间的日常策略提供更为准确的细节信息。把访谈和日记结合起来也是一个有效的办法。

可行性是决定采用何种方法的另一个因素。身兼管理角色的母亲往往非常忙碌，即使你认为在小组中采访她们可能会收获丰富，但面向这样一群女性的组织工作是否太过复杂？并且，你如何能够在同一时间把所有的参与者安排在同一个地点呢？选择正确的方法通常意味着要在你需要的信息类型和从研究对象那里获取这些信息的便利程度之间做出权衡。

研究计划书

你的研究设计通常会在研究计划书（research proposal）中呈现出来，

它是一种实施研究的路线图。在一项质性研究中你最终所走的路线可能会有所改变，但如果没有事先的设计规划将不可能实现你想要达成的目标。专栏3.3的格式示例可用于本科生和研究生的研究计划，以及某些类型的研究资助申请。用于申请资助的计划书通常比高校学生撰写的计划书篇幅更短，并且提供了更多关于如何传播和实施研究的细节。

专栏3.3

研究计划书格式示例

1. 项目名称。它是对项目的描述，但不宜过长。人们通常会选择一个简短而有感染力的标题，后加冒号和副标题。明确的标题（以及明确的研究问题，见第4点）可以吸引有兴趣的读者关注你的研究工作。

2. 引言。简短的一两段话，概述你的研究领域和目标。这是为了使读者在深入了解你的观点和想法之前先获得对研究的初步认识。

3. 背景和文献综述。除了对研究背景进行说明，在可能的情况下还应注重文献综述的内容结构，以显示出你计划开展的研究能够填补现有文献的某些空白。

4. 研究问题。说明你在研究中尝试回答的具体研究问题。明确表述你的研究问题非常重要。

5. 伦理考量。你如果计划使用从人类研究对象那里获得的资料来进行研究，将需要考虑相关的伦理问题。如果你在大学或其他学术机构工作，或者与来自学校、监狱或医院等机构的参与者一起工作，你的研究也可能需要得到机构审查委员会或人类研究伦理委员会的批准。你的研究会如何影响你的研究对象？会对他们造成伤害吗？你将采取哪些措施来减少风险？我们将在第4章深入讨论这些问题。

6. 方法。你打算如何找到你所提出的研究问题的答案？详细说明你为回答研究问题而计划采用的具体研究方法。在这里你应该明确说明研究项目的范围。例如，你会参考哪些历史资料？你将花多少时间在某个研究地点进行参与观察？你将对哪些人进行访谈，为什么，以及

第 3 章　从主题到研究设计

计划完成多少次访谈？

7. 时间表。估计每项活动需要多长时间以及完成的具体时间。

8. 预算。你如果在商业或学术环境中申请研究经费，通常就需要详细的预算。

9. 参考文献。列出你在上述各项内容中的主要引用来源，并提供完整的文献信息。

结语

质性研究设计往往具有开放性、探索性和归纳性的特征，但这并不意味着它们是含糊或粗糙的。在精心设计的质性研究中会有明确的研究问题，方法的可行性和获取其他资源的途径会得到充分的考虑，而研究问题和所选方法之间也有着良好的契合。

研究者阅读文献的原因有许多，如坚定他们关于研究问题为何有趣或重要的想法，通过阅读与研究主题相关的既有研究和理论来完善研究问题，证实他们提出的问题尚未得到令人满意的回答。不过，在更强调应用性的商业和政策领域里，也可能无须参考已有的文献而直接进行研究。

质性研究的思路可以来源于许多地方。与他人讨论你的研究想法通常是有益的，你可以请他们就资料检索的关键词和领域内的关键人物提供建议。学术同行也能够提出一些你自己不一定想得到的点子。他们的建议和问题或许可以帮你在这个主题上寻找到新的视角；而围绕研究主题展开的讨论不仅可以激发你的思考，而且能够使你的想法更加聚焦。关注新闻媒体/流行文化/政策演变以捕捉一些有待进行经验探索的新议题，也被证明是富有成效的做法。

阅读延伸

Denscombe, M.（2012）*Research Proposals: A Practical Guide*. Maidenhead: Open University Press.

第3章"论证思路"尤其值得一读。这本书为学生和更有经验的研究人员提供了很好的参考，指导读者如何在不同研究背景下构思和撰写研究计划书，同时也对研究设计的其他方面进行了清晰的论述。

Gabb, J.（2008）*Researching Intimacy in Families*. Basingstoke: Palgrave Macmillan.

杰姬·加布（Jacqui Gabb）提醒我们，研究设计需要与主题的敏感性和复杂性相契合。在该书中，她对设计一项家庭关系研究时需要考虑的因素做出了丰富而全面的描述。研究儿童和家庭时可以借助一系列创造性的方法，使文化程度不同的年轻人和成年人都能够向研究者表达自己的观点和情感。

Mason, J.（2002）*Qualitative Researching*（2nd edition）. London: Sage.

该书第1章"寻找焦点，认识你的立足点"和第2章"设计质性研究"，能够帮助读者思考如何将主题发展为问题以及发掘质性研究项目所涉及的哲学问题。

Murray, R.（2011）*How to Write a Thesis*（3rd edition）. Maidenhead: McGraw-Hill/Open University Press.

第3章"找寻结构"，对文献的作用和文献综述的写作技巧进行了很好的讨论。这本书面向的主要读者是研究生，但也适用于在其他环境中工作的研究人员。

www.literaturereviewhq.com/.

该网站创立于2011年，为各种学科背景下文献综述的撰写提供了许多有用的策略。它还帮助学者和学生解决在撰写文献综述时所面临的一些常见问题，例如拖延和面对海量材料时不知该如何着手。

第4章

质性研究的政治和伦理

本章内容

- 伦理
  - 尊重
  - 有益（无伤害）
  - 研究的价值、诚信和能力
  - 公平
- 研究中的政治
  - 研究者与被研究者
  - 政治与研究资助
  - 政治与报告研究结果
- 结语
- 阅读延伸

社会研究很少是价值中立的。我们对特定的主题感兴趣并以特定的方式来探讨它们，这一切都以我们是谁，我们在社会中身处何处（我们的阶级、文化、性别、种族和空间定位），以及我们的世界中什么是重要的为前提。我们也会受到研究资助方经费提供情况的影响,并且常常优先考虑这些因素来塑造我们的研究。因此,研究的主题因我们的社会位置和我们可以获得的资源而有所不同。这些资源包括我们可能会与之开展研究工作的人,例如同事和参与者。

46   伦理是指研究是否诚实、可信,是否会造成伤害,并且从总体上来说是否是有益的。本章主要讨论有关研究伦理的上述以及其他要点,包括质性项目是否需要通过伦理审查程序,以及何时需要进行隐蔽研究。我们将结合自己和其他研究者过往研究中的实例来探讨这些问题。在对伦理的讨论中我们对研究中的诚实和风险问题进行了区分,并探讨了研究人员应如何在二者之间做出识别和平衡。此外,本章还讨论了当研究议题有争议和不合法时可能产生的问题。

本章主要讨论质性研究的政治和伦理。研究的政治关乎研究者、被研究者,以及研究所处环境(包括研究的经费、地点和后果)之间的权力关系。政治与一项具体研究背后起支撑作用的研究范式密切相关。我们将借助一些具体的例子来讨论研究中的权力关系,这些例子显示了研究过程如何受到这些关系的影响。讨论的内容也包括与获得研究资助(资助者通常对特定研究结果感兴趣)、研究弱势社区以及研究精英人群有关的问题。我们还讨论了与研究对象的持续性关系以及如何处理复杂多变的权力关系等话题。

伦理关乎进行诚实、准确、有益于社会且不会造成伤害的研究。然而,何为"有益"、何为"有害"是被社会建构的,并且常常陷于争论之中。它与社会本身的结构以及权力的分配方式有关。

伦理

社会研究者关注且应当关注研究的伦理。权力和伦理是高度相关的,权力的行使往往会引发伦理问题。有一些伦理原则被认为是社会研究的核

第 4 章 质性研究的政治和伦理

心原则，它们主要来源于支撑研究的社会价值观。虽然价值观因地而异，但西方社会的研究通常强调尊重（respect）、有益（beneficence；包括无伤害）、研究价值（research merit）和公平（justice）（National Commission for the Protection of Human Subjects of Biomedical and Behavioral Research，1979）。让我们来依次讨论这些伦理原则。

尊重

尊重包括尊重他人的权利、尊严和自决权。这意味着要为研究参与者提供足够的信息，以便他们在充分考虑后做出是否参与研究的决定。尊重还涉及对弱势者的保护。研究参与者应自愿同意参加研究，应被告知关于他们的资料将保留多长时间以及将来可能因何种目的而被使用。此外，他们还应准确获知参与研究可能带来的任何潜在伤害，并拥有随时退出研究的权利。

尊重研究对象意味着这些参与者在大多数情况下应该知道他们正在参与一项研究。向参与者告知项目信息并取得他们对参与研究的同意被称为知情同意（informed consent）的过程。大多数研究伦理审查委员会（也称为内部审查委员会或 IRB）会要求研究人员向潜在参与者提供研究项目的详细信息，并且需要潜在参与者表示同意参与该研究项目。知情同意意味着被研究者了解研究项目的目标，同时也意味着隐蔽研究（covert research）——被研究者并不知道研究正在进行——是不应发生的。

也有一些可能的例外情况，如观察公共场所中的行为，在这种情况下观察者难以对个体行为做出识别。举个例子，我们可以想象一下一个关注火车站人际互动的研究会如何展开。劳德·汉弗莱斯（Laud Humphreys）在 20 世纪 70 年代进行了一项著名的（或声名狼藉的）研究。汉弗莱斯的研究关注的是男性在公共厕所（又称"茶室"）中的性行为（Humphreys，1972）。他通过扮演偷窥者——热衷于观看其他男性发生性行为的人——的角色来观察那些男性的行为，同时他也会盯着警察。一开始这些被观察者是匿名的，但是在后面的研究中汉弗莱斯记录下了这些观察对象的车牌号码并获得了他们的联系方式。然后，他假装成调查员到这些人的家中请他们填写一份健康调查表。

我们可能会争辩说汉弗莱斯的隐蔽研究是合理的，因为在公共场合与同性发生性关系的男性是研究人员难以接触到的一个群体，而出于公共健康的需要了解他们的性行为又是十分有意义的。只要这些人没有被辨认出来，我们就可以说这项研究的好处将会大于它的危害。然而，研究者秘密地收集这些匿名男子的身份识别信息并在随后进行采访时没有透露以前见过他们，这就违反了尊重的原则。研究中的权力关系也是一个值得注意的问题。汉弗莱斯拥有通过名字来识别这些被观察者的权力。他们大多数人已经结婚，如果知道自己的非法性行为已被发现可能就不会选择参与调查。不过，当强调尊重时这项研究也向我们抛出了许多有待讨论的议题。特别是，研究结果是否重要到值得研究者去违反这个原则？如果仅仅是对茶室里的男性进行观察，这项研究符合伦理要求吗？在这里伦理问题并不在于研究的主题，而是在于未经参与者同意便获取他们的联系方式和对他们进行追踪定位。

还有一些灰色区域，例如在线空间，在局外人看来可能是公开的，但对于互动于其中的人来说则可能是私密的（Markham and Buchanan, 2012）。这个问题取决于在线交流时留下的可被公开访问的文本是否应视同于其他任何公开文本，或者说在某些时候在线社区中的讨论是否应被当作私密性的交谈。芭芭拉·沙夫（Sharf, 1999）在20世纪90年代对一个乳腺癌线上互助邮件组进行研究时就经历过一个这样的灰色区域。作为这个小组中的一名参与观察者，沙夫在她加入邮件组以及发布帖子时就透露了她的研究意图，然而在她的研究报告中主要的资料来源则是小组其他参与者发布的帖子。她在引述这些言论时对发布者做了化名处理，这样就能避免发布者的真实身份被识别出来。在研究结果撰写完毕后，她觉得有必要与这些在线言论被引用的人取得联系并获得许可。所以，她联系了所有的被引者并寻求他们的同意，最终她得到了这些参与者的许可。在反思个人经历时，沙夫认为保护在线交流者的隐私非常重要，特别是当被研究者是弱势群体的时候。因此，被研究者同意研究者对其言论的引用就非常重要，即使从表面上看他们似乎已经身处公共区域，或是在研究报告中已经

第 4 章　质性研究的政治和伦理

受到了匿名化处理。

沙夫的经历是研究者对在线研究伦理保持谨慎的一个范例。还有一些研究者认为在线发表的任何内容都是一种文本，而不是对话。根据这种观点，研究所使用的任何在线发布的内容都应该像其他文本一样正确地归属于其作者。在沙夫的例子中，她使用的电子邮件组要比开放的在线论坛更为私密，因为它只对成员可见，参与者们也都自然而然地抱有同样的预期，即只有邮件组的成员才能够看到他们所发布的文字。在此情况下，将之视为私人对话是一种符合伦理的做法。但是，假如研究的是业余博客作家，那么情况又会如何呢？使用他们的言论，说明文字的来源，但未获取作者的许可，是不是合理的做法？在思考这一问题时，我们可能会考虑博客是更接近于私人日志，还是更像一个供公众消费品评的文本。我们如果倡导尊重的原则，就会认为研究者应当寻求博客作者和评论者的许可，但这一取向却在学术研究人员中引发了诸多争议。

关于网帖应被归为出版类文本还是私密性谈话的争论投射出研究者在现实中必须加以应对的一种张力。我们的建议是保持谨慎且要尊重潜在的研究参与者。在一个报刊网站上发表评论和在一个线上支持小组中发布消息，两者之间存在着质的差异。我们有理由认为发表在报刊网站上的文本会被广泛阅读和讨论，而发布于在线支持小组的帖子只会被内部成员看到。即便这个在线支持小组是公开性的，你也可能会认为它的读者非常有限，这是一种合理的预期。作为研究人员我们需要了解人们对在线发表持有哪些不同的合理预期，并据此采取相应的行动。不过，在这方面并不存在一套硬性的标准。

尊重还意味着如果承诺了保密，那就必须信守诺言。保密是指在研究报告中隐藏研究对象的识别性信息，但研究人员知道他们是谁。与之形成对照的是匿名，在这种情况下研究人员并不知道谁参与了研究。例如，研究非法活动团体的学者可能会在夜总会进行访谈，但不会询问或收集受访人的姓名或任何识别性信息，因而在这项研究中参与者就是匿名的。

研究者通常会向参与者承诺对其身份进行保密。这意味着任何有关参与者的文字都不会与他们的身份产生联系。研究人员承诺保密是因为他们相信这样做能够鼓励参与者坦诚相见，且能够保护他们免受伤害。你如果向某人保证了不会使用他的名字，那么是希望能够为其提供保护，以防在某些情况下他的言论可能会令人尴尬或者置其自身于某种风险之中。作为研究者你处于更有权力的位置，研究参与者通常相信你会保护他们的身份隐私。

向研究参与者做出承诺是件相对容易的事情，例如，承诺会对他们的身份进行保密，会使用假名来指代他们，在讲述他们的故事时会对所有的识别性特征进行处理。然而，在使故事不失去其意义的前提下所能进行的改变或修饰是比较有限的。还有一种情况叫作内部保密（internal confidentiality）。内部保密（Tolich, 2004）是向参与者承诺没有人能够识别他的身份，即使其密友也不可能知道。当研究参与者彼此认识时就像参与观察时的情况那样，内部保密将会成为一个问题。要做到这一点通常困难得多，研究者需要探索一些新的策略来处理这个问题。

专栏 4.1

内部保密和参与者的风险

在一项关于企业家及其配偶的研究中，迪娜·鲍曼（Bowman, 2007, 2009）对男女企业家及其配偶进行了采访。对企业家及其配偶的采访是分别进行的，并做出了保密的承诺。夫妻之间往往彼此相知甚深，包括知道对方可能会如何表达自己的意见。这意味着鲍曼必须找到一种方法在保护参与者隐私的同时，能够准确地报告研究结果。由于该研究涉及亲密关系的处理，如果被访者被配偶识别出来，他们透露的一些信息可能会对其夫妻关系造成损害。鲍曼采取的做法是将研究参与者按照类别分组。男性企业家被划分为一组，女性企业家被归入另一组，企业家的丈夫和企业家的妻子同样也被纳入不同的组别之中。这一做法拆分了所有的配偶关系。尽管这是一种有效的策略，但其缺点也恰恰在于夫妻之间无法配对，因此难以对丈夫和妻子的叙述进行整合性分析，从而使鲍曼没有机会报告她最有趣的一些发现。

在社会研究中，保密作为鼓励参与和保护研究参与者的方法已然成为一种规范。几乎就像大家普遍认为的那样，如果没有保密措施，人们就不会想要参与研究。然而，我们却不清楚保密承诺是否真的能够鼓励研究参与者袒露心扉。有证据表明，完全的匿名可以减少社会期望性回答（socially desirable response）即降低参与者提供他们认为研究者想要听到的回应的可能性，但这也会引发研究参与中的责任缺失问题，当需要参与者给出准确回答时他们不够审慎细心（Lelkes et al.，2012）。作为研究者，我们并非必须要对参与者做出保密承诺。我们如果认为研究参与者是研究过程中积极的行动者，就像基于批判主义或建构主义范式而进行的研究那样，就会期待他们完全出于自己的意愿来决定是否参与研究以及是否坦诚分享。这会让一些力量回归到研究参与者的手中。在上述这些方法中，与参与者分享权力可以是一个重要的考量。

作为研究人员，我们必须谨慎对待我们的承诺，尊重研究参与者是我们的指导原则。

有益（无伤害）

有益意味着研究的潜在利益应该超过任何潜在危害。这就需要考虑研究的风险，评估研究造成伤害的可能性。风险的构成与研究的主题以及研究的人群有关。有三种类型的风险需要关注，即研究者面临的风险、被研究者面临的风险和研究机构面临的风险。潜在的危害可以包括身体、情感和心理以及法律方面的危害。

研究者面临的风险

在一些研究中，研究人员可能会发现自己正处于风险之中。例如，在研究非法活动时研究者可能会发现一些犯罪分子的名字。研究人员并不属于受保护的一类人，如果接到法庭的传唤，他们必须出面作证。研究人员面临的这种风险使研究非法活动困难重重。这种情形的一个例子是素德·文卡特斯的博士研究（Venkatesh，2008）。他研究的是芝加哥的贫困经济学，其中包括帮派毒品交易活动的结构。文卡特斯对毒贩和他们的交易对象了如指掌。他的记述直到他完成田野调查的多年之后才公开发表，彼时

那些主要参与者们也已经陆续脱离了黑帮。

匿名访谈是研究者能够借以化解这类风险的一种办法——访谈的对象并不为研究者所认识,他们的姓名也不会被采集。在这种情况下,需要研究参与者给予口头同意。研究的风险塑造了研究所能获得的资料。例如,文卡特斯(Venkatesh, 2008)所进行的参与式观察尤其危险,而他获得的研究资料的质量可能也非常之高。不过大多数的研究机构不会批准这样的项目。

研究者也可能会面临身体的风险。凯瑟琳·布利(Blee, 1998)通过采访美国的女性白人至上主义者来研究组织化的种族主义运动。她的一些研究参加者公然以暴力威胁她。在针对这个问题的讨论中布利认为参与者使用恐惧来塑造她们与她之间所发展的密切关系,并在访谈中向她展示这种权力。然而,她确实因此产生了一种恐惧感,这一心境进而塑造了她所得到的研究结果。

由于大多数学术研究必须获得所在机构伦理委员会的批准,因此研究人员面临的这些风险可能不太常见。但是,我们必须承认这些程序决定了我们能够开展的研究类型。在这种伦理审查制度下,想要对参与非法行为的边缘群体开展质性研究变得非常困难。处理这个问题的一种方法是在现场采访研究参与者,但不收集任何关于他们的识别性信息。

被研究者面临的风险

研究参与者也可能因参加研究而面临风险。尽管所有类型的研究都需要考量这种风险,但它最常存在于那些较为弱势的参与者身上。参与者可能因年龄、残疾或其他社会因素(如难民或囚犯)而更容易受到伤害(Remenyi et al., 2011)。例如,囚犯可能会迫于压力而参加研究,而难民可能会因为感恩于研究者而参加研究。参与者的脆弱性也可能源于他们缺乏充分的知情同意权(儿童和精神残疾人士可能面临这一问题)。

大多数社会研究对参与者来说风险并不高。要求参与者了解研究项目并做出同意表态,意味着他们必须知晓可能存在的风险并选择是否参加。在这一观点中,研究参与者被视为有能力为自身福祉着想的积极行动者。

但是,在某些情况下研究参与者可能意识不到潜在的风险。回到专栏 4.1 所介绍的鲍曼（Bowman，2009）关于企业家的研究。在完成访谈后鲍曼认识到，如果企业家配偶的某些回答传入了其丈夫或妻子的耳中，则可能会给他们的关系带来伤害。一些参与者对自己的配偶和婚姻上的缺点表达得非常坦率。因为鲍曼已经向他们做出了保密的承诺，所以她必须确保被访者的陈述得到了足够的修饰以使他们的配偶无法根据这些话语来识别出对方，从而保证内部保密的实现（Tolich，2004）。

研究人员需要意识到参与研究可能带来的负面结果，并想方设法减少风险。当风险可能存在的时候，参与研究带来的益处应超过潜在的风险。对于研究者而言应尽可能地保持谨慎，把风险控制在最小限度。值得注意的是益处是否大于风险取决于持有何种价值判断，而这些价值判断又源自研究背后的信念和价值观抑或范式是什么。

斯坦利·米尔格拉姆（Milgram，1963，1974）关于服从的研究强调了社会研究参与者的获益与受害问题，尽管这不是一项质性研究。米尔格拉姆（Milgram，1974）的研究是一项关注人们如何对权威做出反应的实验研究。每个参与者被要求对另一个参与者施加电击，而后者实际上是扮演参与者角色的演员。一名身着实验服的研究人员要求参与者对那些扮演者施加越来越强的电击，即使这些人假装发出痛苦的尖叫也不能停止。这些实验试图了解大屠杀是如何发生的，以及正常人是如何被驱使做出可怕的暴力行为的（Milgram，1963）。研究发现，即使违背信仰，人们也会对权威做出回应。这是一个重要且有用的发现，但研究对一些参与者造成了长期的负面影响。研究带来的伤害是否超过益处取决于你对研究产生的社会效益和对参与者受到的利益损害赋予何等的权重。

研究机构面临的风险

研究人员所在的机构也是其研究项目的利益相关方，也对研究负有责任，因此也希望将研究者、被研究者和社区的风险降至最低。

如果你的研究是依托于大学或其他具有伦理审查程序的机构进行的，你就必须遵守这一程序。机构的伦理审查程序旨在确保研究风险最小化。你必须在获得机构的许可之后才能够开展研究。每一所机构都有自己的规定流程。就质性研究而言，这个过程通常需要概述拟进行的研究、研究的对象或内容、研究的实施计划，提供参与者的信息资料、知情同意书、访谈时间表/话题清单，以及所需的任何其他同意书或许可文件。一般而言，只要研究涉及人类对象，都需要遵守机构的伦理审查程序。这些规定的目的在于确保研究符合伦理原则。

由于机构对研究负有责任，因此可能会拒绝批准具有内在风险的研究。例如，任何关于儿童色情制品的研究——即使是对图像的简单分析——很难获得批准。研究者必须拥有充分的研究理由和坚实的研究方法。他们需要首先能够获取这些可能被警方监控的图像。一位正在东南亚从事儿童色情观光研究的澳大利亚研究者回忆说他们希望了解这一行业的动态，因此在研究中需要查看宣传儿童色情观光的网站。而一旦他们开始访问这些色情图像，他们的计算机就首先被他们的大学监控，然后被联邦警察监控，因为在澳大利亚在线访问儿童色情内容是一种非法行为。最后，当局判定这是一个合法的研究项目，但他们需要获得一位政府高级部长的批准之后才能开始研究。尽管获得了批准，但这项研究仍然遭遇了太多的障碍并且最终被叫停。

汉弗莱斯（Humphreys，1972）的茶室研究引申出关于风险和收益的问题。他在研究中对参与非法性行为的男性进行了识别，这一做法将他们置于潜在的风险之中。如果参与者的身份被发现，就可能会给其中一些人带来可怕的后果。然而，可能有人会对此提出反驳：如果没有汉弗莱斯事先在茶室中的观察，研究就捕捉不到那些貌似异性恋的男性参与同性恋的行为。并且，他也没有对外公开这些男性的同性恋身份。因此可以说尽管存在着风险，但这项研究并没有造成任何实际的伤害，而是获得了显著的收益。

总之，研究的有益性意味着一项研究带来的好处必须超过它对研究者、被研究者和研究机构造成的风险。

研究的价值、诚信和能力

研究的价值（merit）与研究的有益性有着不可分割的联系，意味着我们必须从研究中获得一些潜在的好处。如果没有潜在的好处，那么就没有理由开展研究（National Health and Medical Research Council，2007）。关于研究价值的界定十分宽泛。基础研究——例如，了解社会过程的运行机制——毫无疑问是有价值的。一项研究如果在将来可能会给他人带来好处，那么就不一定需要使其当前的参与者从研究中获益。

研究的价值还与研究的诚信（integrity）有关，即在实施研究和报告研究结果时保持诚实、尊重和公平。研究诚信包括恪守保密的承诺，诚实报告研究的负面结果和正面结果。在线上研究中，研究价值有时会作为一个问题而被提出。批评者指出，我们无从知道在线访谈的参与者是谁。同样的批评也可能会针对书信访谈甚至是对陌生人的面对面访谈，因为我们也无法保证这些参与者的诚实性。

研究的诚信必须与研究的有益性相平衡。在鲍曼（Bowman，2009）的研究中，为了保护研究参与者，她必须对研究报告加以修饰。有益性的要求意味着一些研究发现无法被报告。这种情况并不稀奇，甚至这本身就构成了研究过程的一部分。然而，这并非意味着隐瞒负面研究结果应当成为一项必须遵守的原则。恰恰相反，我们如果重视研究的诚信，就不应对负面的研究结果刻意隐瞒。不过，简单地认为研究者应该报告负面结果并且/或者不考虑他们研究或报告的背景未免有些天真。负面的研究结果可能颇具政治性意味，关于这一点本章稍后将做进一步讨论。

拥有相应的能力（competence）来实施制订的研究计划也是一项重要的伦理价值，这对于研究的诚信来说至关重要（American Sociological Association，1999）。研究者应当具备足够的能力来进行他们的研究，如若不然就需要在开始研究之前提高自身的技能。与此相关，研究实践应当建立在已被广泛确立的原则基础之上，研究人员有责任及时了解各自领域的研究进展。

公平

最后，公平（justice）强调的是对参与者的平等对待，同时意味着不将特定群体排除在参与或获益机会之外。如果要排除特定群体，就必须给出令人信服的理由。这一点非常重要，因为所有的群体都是重要的。医学

54 研究在很长一段时间都没有把妇女或儿童纳入进来，由此造成的结果是许多应用于妇女或儿童的医疗方案和药物都没有经过在这两类群体中的试验（Taylor, 2009）。排除妇女和儿童的理由是基于有益的原则——考虑到他们可能会在研究中受到伤害（Merton, 1993）。然而，这一做法却使得在妇女和儿童身上应用药物或其他医疗方案变成一项大型的自然实验，一个在受控环境之外进行的或可追踪或无从追踪的实验。如果在最初的时候将他们纳入研究，结果就可能会更加公平。

研究中的政治

质性研究必然涉及权力关系或政治。我们可以将权力理解为一种获得我们想要的东西和/或让他人做我们想要其做的事情的能力，它与地位和等级密切相关。即使是最初级的研究人员也会在研究关系中拥有一定的权力（即报告研究结果的权力）。

政治有三个方面的重要因素需要我们给予关注。首先是研究者与被研究者关系的政治。其次是研究与其资助方关系的政治。最后是报告研究结果的政治。

研究者与被研究者

一个研究项目中的权力关系在部分程度上取决于诸如项目类型（目标、由谁发起、为何目的）、参与情况以及更广泛的研究背景等一系列因素。

我们如何处理研究者与被研究者之间的权力关系，与研究所持有的认识论立场有关。如果秉持批判主义的视角我们可能会希望实现某种社会正义目标，因而期待被研究者能够积极参与进来。在这种情况下，我们就需要设计一个能够促进参与者分享权力的研究项目。然而，以后实证主义的观点来看参与者可能只是信息的提供者，而研究者的角色则是尽可能客观地解释和报告研究结果。倘若是这种情况，在确保参与者的自愿性之外，作为研究人员我们就不太可能去采取旨在通过参加研究来赋予参与者权力的策略。而在建构主义取向的研究例如行动研究中，研究者和参与者的权力共享则是一项核心的研究价值。

研究者通常拥有界定研究问题，确定参与对象，以及决定如何报告研究结果的权力。而一般来说，参与者拥有决定是否参与以及在参与时与研究人员分享哪些信息的权力。

> **专栏 4.2**
>
> ### 培训和研究参与
>
> 卡伦·法夸尔森列举了一个关于研究者和参与者目的差异的例子。法夸尔森是一个实施和研究媒体干预的研究团队的成员（Marjoribanks et al., 2013）。该项目的目标是考察为在苏丹的澳大利亚人提供新闻培训能否使他们发展自己的媒体声音，因此研究是行动导向的。参与者要想参加培训，就必须参与研究，包括参与观察、焦点小组和访谈等。研究团队使用的权力在于，所有参加培训的人都必须同意参与研究。不过，参与者可以选择参加他们认为适合自己的培训，研究也没有要求他们在接受培训后参与媒体发声。
>
> 对许多参与者而言，参加研究的原因是能够直接与主流媒体互动。但是，有一些人参加培训是因为他们希望借此来谋得一份工作。劳动就业的需求是社区内的一项持续性议题。然而，职业培训并不是该团队研究计划的一部分，也不是新闻培训的目的。研究团队更为在意的是研究成果，资助协议已对此做出了明确要求。这些并不意味着参与者对参加研究感到不满，只是他们对项目所持有的目标并不涉及研究成果。在这个例子中，项目资助对干预行动产生了实质性影响，进而对参与者产生了影响。

研究者和参与者可以各自拥有关于研究的不同目的（见专栏 4.2）。研究者应该反思他们的目的，批判性地思考为什么介入研究以及想要从研究中得到什么。这些权力议题也关乎研究伦理，特别是对研究参与者的尊重。

政治与研究资助

如专栏4.2中的例子所示，如果研究受到外部经费的资助，你将需要处理资助方的期望和政治利益，他们必然有其提供资助的理由。资助者对研究的涉入程度有所不同，有的会密切参与到研究设计中来，有的则在拨付资金后就放手不管了。重要的是，要事先知道你的资助者在这个区间中处于什么位置。

在与资助机构合作时应该考虑与政治有关的一些问题，包括资助者对研究所感兴趣的方面是什么（他们为什么要资助它）？他们预计会在研究设计方面投入多大支持？他们对报告结果有多少控制权，以及倘若调查结果不符合他们的期望则会产生什么后果？如果是一项学术研究，他们是否能够阻止研究结果的发表？

资助者有可能从根本上塑造研究的结果，取决于对以上问题如何回答。在这里，政治和伦理相互交织，难以分离。你如果认为不管研究结果是什么都有义务报告它们，那么可能会陷入与研究资助者之间的冲突，特别是当研究结果不符合他们利益的时候。如何处理这一问题将取决于你在关系中拥有多少权力以及你预先所做的安排。事先确定资助方是否具有变更研究结果的权力十分重要。请留意，这里所提及的部分议题可以在研究合同中阐述清楚，从而为研究项目的执行提供明确依据。

政治与报告研究结果

研究人员掌握的最重要的权力之一是他们对如何报告以及向谁报告研究结果的控制权。研究者与被研究者之间存在着一个默认的契约，即研究者将如实地报告研究结果并且不会损害参与者的利益。的确，这一契约内在于研究伦理程序所植根的价值理念之中。然而，在现实生活中对研究结果的报告会出现一些灰色地带，因此带来关于如何权衡和把握权力与诸如尊重、有益、公平、研究的价值和诚信等伦理的问题。

第4章　质性研究的政治和伦理

例如，假设你正在从批判主义的角度研究使特定群体陷于不利的社会情境。在那项研究中，你发现虽然社会结构塑造了目标群体的不利地位，但该群体自身的一些实践也在维持着他们的劣势。你将会如何报告这项研究？如果你披露了他们的负面行为，这一群体就可能会因此受到指责；但如果你不这样做，则表示你没有如实地报告研究的结果。你将如何选择，取决于你对报告研究结果后该群体面临的风险以及根据真实情况发展可能的应对策略等积极效应的评估与比较。

结语

本章讨论了质性研究的伦理与政治。虽然通常而言前文所述的诸项价值原则都应该为社会研究所秉持，但研究所立足的认识论立场会塑造你对权力机制的处理方式。研究范式还将影响你的抽样决策，我们将在下一章讨论这一话题。

在质性研究中，通常没有简单直观的规则告诉我们应该如何处理权力关系和伦理。我们强烈主张，无论你的参与者是谁，无论他们来自网络还是坐在你的面前，你的研究都应当合乎伦理实践的要求。

阅读延伸

Hammersley, M. and Traianou, A.（2012）*Ethics in Qualitative Research：Controversies and Contexts*. London：Sage.

关于质性研究伦理的综合读本。

Markham, A. and Buchanan, E.（2012）*Ethical Decision-making and Internet Research：Recommendations for the AoIR Ethics Working Committee*（Version 2.0），Association of Internet Researchers. Available at：⟨aoir. org/reports/ethics2. pdf⟩.

为在线研究伦理决策提供全面的指导。

National Commission for the Protection of Human Subjects of Biomedical and Behavioral Research（1979）*The Belmont Report：Ethical Principles and Guidelines for the Protection of Human Subjects of Research*. Washington, DC：Department of Health and Human Services.

National Health and Medical Research Council（2007）*National Statement on Ethical Conduct in Human Research*. Canberra：National Health and Medical Research Council.

这些声明对生物伦理学做出了全面概述，并对人类研究的指导原则进行了总结。

Research Ethics, available at ⟨rea. sagepub. com⟩.

该期刊发表关于研究伦理的当代研究，是获取最新研究的优质资源。

'The Deadly Experiment', documentary film available at：⟨http://documentaryaddict. com/the＋deadly＋deception-9274-doc. html⟩.

这部电影分析了塔斯基吉（Tuskegee）梅毒研究，这是一项获得政府批准的实验，旨在了解梅毒病人在不接受治疗的情况下会发生什么。即便当有效治疗能够提供时，那些感染了梅毒的弱势非裔美国人也被拒绝给予治疗。他们从未被告知自己已经患上了这种疾病。

Tolich, M.（2004）'Internal confidentiality：when confidentiality assurances fail relational informants', *Qualitative Sociology*, 27 (1)：101-106.

研究人员在设计项目时通常不考虑内部保密性。该文提供了令人信服的理由，说明为什么我们应该关注这个重要问题。

第二部分
研究实施

研究者可以通过三种主要方式来探究问题，在不同方式中研究者和被研究者之间的关系有着显著的差异。进行质性研究最为人所熟知的方式可能就是提问。不过，研究者也可以选择保持沉默，仅仅观察正在发生的事情，甚至是要求研究参与者提供他们自己的陈述。正如你将看到的，研究人员可以通过各种途径使用这些方法中的一种或全部。

　　这一部分内容致力于对这些具体的资料收集策略进行批判性说明，例如访谈、内容分析和叙事研究。根据研究者和被研究者之间的关系类型，本书对介绍这些方法的章节进行了分组。我们将厘清质性研究的日常决策与支撑研究的社会研究范式之间的联系。换句话说，明确认识论问题与实践、伦理、政治和方法论等问题之间的联系。我们同样希望这种分组方法能够在你使用任何本书没有涵盖的质性研究方法并对其进行批判性评估时提供有益的帮助。

第5章

抽样

本章内容

- 什么是抽样，我们为什么要关注它
- 对总体进行抽样
- 理论、认识论和抽样
  - 从理论开始
  - 没有理论的开始
- 抽样和招募策略
  - 理论抽样
  - 滚雪球抽样
  - 目的抽样
  - 方便抽样
  - 招募
- 可推广性
- 无应答
- 样本量

- 抽样、不易接触者和研究伦理
- 结语
- 阅读延伸

62 什么是抽样，我们为什么要关注它

抽样是选取研究的参与者、个案和/或地点的过程。你的抽样方法与你的研究目标及其所属范式密切相关。

明确在哪里以及面向谁来开展你的研究有着重要的意义。如果希望你的研究问题得到细致严谨的回答，你将需要选择合适的地点和合适的参与者。例如，你如果想了解一个社区如何使用某个公园，就需要选择此处作为你的研究地点。尽管通常来说我们可以通过观察其他公园来了解公园使用情况，但你如果想知道这个公园是如何被使用的，就需要在这里实施你的研究。同样，如果想了解跨国毒品走私者如何参与走私贸易，你就需要调查那些参与跨国毒品走私的人。社区公园及其使用者不太可能提供有关跨国毒品走私的看法，跨国毒品走私者也不会告诉你某个公园的使用情况，除非他们恰好是使用这个公园的社区居民。

本章主要探讨与抽样有关的问题。我们首先讨论理论与抽样之间的关系以及支撑研究的哲学假设，接下来对质性研究中流行的抽样方法和可推广性（generalizability）问题进行概述。最后，我们考虑了在不易接触的人群中进行抽样的问题。

对总体进行抽样

当我们想要进行社会研究时，我们是希望通过这种方式去理解涉及某

类总体（population）的社会现象。总体是某一类别或一组类别包含的所有人/事物。女性可能构成一个类别，墓地、公园或某个街区1岁到4岁的儿童同样可能是一个类别，甚至一个单独的工作场所也可能成为一个类别。总体的类别或类别组将由你的研究问题决定。你研究的任何人都应该是目标总体中的一部分。

由于把总体的所有成员都纳入研究通常不太现实，研究者会选择其中一些成员参与他们的研究。我们如何进行这项工作就被称为我们的抽样策略。这一策略取决于我们的研究方法（基本价值观和信念）以及研究问题。

理论、认识论和抽样

在第1章中，我们讨论了明确研究哲学基础的必要性。我们认为支撑研究的价值观和信念塑造了研究的类型。这一观点同样适用于抽样。

你需要做出的关键决定在于，你打算从一个理论阐释的起点来着手研究还是计划基于经验资料来形成理论。我们将依次讨论这些问题。实际上所有的研究都在某种程度上得到了理论的启发，因为我们并不可能拥有一个完全"空白的大脑"（Stanley and Wise, 1990: 22）。不过在一些研究中研究者会在分析过程中对理论持有开放的态度，或者尝试去发展理论。

从理论开始

理论可以通过三种主要方式来影响质性抽样。第一，它能够为提出研究问题和诠释研究结果提供启发。第二，尽管不是很常见，但一些质性研究特别是从后实证主义视角出发的研究会涉及对理论的检验。第三，它可以为抽样策略提供实际帮助。我们将逐一对这些问题进行讨论。

理论可能影响抽样策略的第一种方式是启发研究问题和研究方法。质性研究通常被认为能够产生理论，因此经由特定的理论路径来进入研究可能与流行的认知有所相悖。然而实际上在准备研究问题时我们会阅读当前与主题相关的已有研究发现，评估研究要点和研究空白。现有研究很可能已经为他们观察到的东西发展出了解释（理论）。这些前期研究成果应能为我们的研究提供启发，帮助我们做出研究预期和理解我们可能发现的东西。我们可能会打算通过自己的研究对现有理论进行建设、提出修改，或者发展新的解释。总之在任何时候，我们都试图去评估我们的研究如何融入既有的更为广泛的文献体系之中。

以前的研究可以帮助我们识别抽样的类别。例如，如果我们提出的主题已经被研究过，那么现有的理论可以帮助我们评估哪些元素需要进一步探索。大多数社会研究的主题都不会是全新的。更确切地说，它们为以前研究过的主题提供新的见解。通过仔细评估现有的研究我们可以发现哪些方面被忽视了，或者在哪里进行拓展会比较有帮助。

因此，现有理论可能会为我们的研究提供启发，但我们如何利用它将取决于我们获取知识的方法。如果立足于后实证主义范式，我们可以使用质性方法来检验理论。例如，我们如果认为某处公园被用于非法活动，那么可能会设计一个观察性研究来检验该理论。其中采用的方法——观察——是质性的，但它以实证主义的方式被使用。理论检验是一种演绎性的研究方法。演绎方法以理论为起点，求证理论是否能够解释观察所得。如果理论解释不了观察获得的资料，就可以对其进行修正和进一步检验。

我们也可以使用现有的理论框架来帮助我们识别研究的参与者和环境。这是罗伯特·殷在个案研究背景下提出的一种方法（Yin, 1994）。殷将个案研究比作实验而不是"抽样单位"（sampling units）（Yin, 1994: 31）。每个个案等同于一个单独的实验。因此，如果一个理论能够解释所有个案，而反向理论的解释行不通的话，那么可以认为这个理论是稳健的。他指出，选择一个能够检验理论的"关键个案"可以帮助你完善该理论（Yin, 1994: 35）。我们也可以纳入更多的个案来进一步检验和发展理论。

最后，以前的研究结果可以在实践意义上指导我们的抽样策略。例如，对女同性恋者和男同性恋者的研究发现参与同性关系和认同自己同性恋身份之间的关联并不强（Weeks，1995；Weeks et al.，2001）。这表明，对同性关系的研究不能局限在认为自己是同性恋者的群体之中，因为这样做极有可能会造成研究总体中有相当比例的成员被排除在外。

质性研究者将以不同的方式使用理论，并因此而塑造他们的研究。对于持后实证主义立场的研究者来说，这一点最为明确无疑；同时，它也适用于批判主义和建构主义框架下的研究，虽然程度相对较弱。寻求社会变革的批判主义方法可以利用理论来构建他们的抽样方案，使其最有效地实现倡导目标。即使是建构主义者也渴望知晓在一个研究主题上已经取得的发现是什么，他们将使用现有的理论来辅助抽样。然而，大多数质性研究都追求归纳性地发展理论。以下部分将讨论在没有完善理论的情况下如何进行研究。

没有理论的开始

大多数质性研究者的工作都立足于批判主义或建构主义的范式，这使得他们通常采取更具情境性和探索性的方法。在探索性方法中，研究问题的表达方式一般是"在这个主题上发生了什么"。当采取这种方法时一定要小心抽样，因为你的抽样决策将决定你的研究发现。你如果想了解女同性恋者和男同性恋者如何育儿，就必须找到扮演父母角色的女同性恋者和男同性恋者。随意向一些父母询问他们的经历是不够的。

没有理论的开始并不一定意味着研究是在对以往研究缺乏认识的情况下开始的。相反，它意味着在现有研究的基础上着眼于通过经验资料的挖掘来发展理论解释。这被称为归纳研究法。与前文已经提到的演绎法相反，以归纳法得到的理论必然能够解释研究的发现，因为理论本身就来自研究结果。归纳法的关键问题是这些发现是否可以推广到其他情境之中。

格拉泽和施特劳斯于1967年提出的扎根理论（grounded theory）提供了一种系统的样本选择方法（Glaser and Strauss，1967），为发展理论提供了可能。这种方法被称为理论抽样（theoretical sampling）。

在扎根理论方法中，研究者从一个主题开始并根据该主题确定一个样本。举例来说，"人们如何使用公园"就可能是这样的一个主题。在该主题的基础上，研究者会选出一个或多个公园并确定调查的策略。例如，他们可能会采访公园使用者，了解他们如何以及为何使用公园。他们以这一广泛群体为目标，力图找出人们使用公园的各种可能原因。公园的选择将以"理论目的和相关性"为依据（Glaser and Strauss，1967：48）。为了判断基于首个公园的调查而产生的公园使用理论是否稳健，研究者可能会选择调查其他公园以进行比较。

尝试识别和采访各种各样的研究参与者被称为"最大变异抽样"（sampling for maximum variation），它意味着有目的地尽可能寻找代表某类人群的最广泛个体。其思路是如果研究者发展的理论能够解释从这类样本中收集到的各种回应，那么它便是一个稳健的理论，并且可能是可推广的。本章稍后将更详细地讨论质性研究中的可推广性。

在扎根理论方法中你将同步进行资料收集和资料分析，根据分析发现调整样本和访谈问题。你的资料将提示你在接下来的研究过程中需要进一步探索的方向。在发展理论的过程中，你将不断地进行验证和修正。你需要持续不断地进行这项工作直到达到信息冗余和理论饱和的状态（Glaser and Strauss，1967）。信息冗余（informational redundancy）即当你从参与者那里不再能够获得新的信息时所达到的状态。此时，你将拥有足够的信息来描述样本，甚至可能是整个总体的经验。当你达到这一点时，你可以停止访谈。根据总体规模的大小，要实现这一目标所需要的时间或长或短。理论饱和（theoretical saturation）是指所有新的资料都能够被编入你已经识别的类型之中。这意味着你的解释框架适用于你所纳入的全部案例。要达到理论饱和，你需要寻找一系列不同的个案。

由于信息冗余和理论饱和原则的重要性，扎根理论方法既费时又难以获得机构伦理委员会的批准。出于这个原因，许多进行探索性研究的质性研究者会采用一种利用已有研究发现指导抽样决策的方法来完成抽样。我们借用前文提及的一个例子来加以说明，我们如果知道一些男性参与同性恋行为但并不认同同性恋身份并且想研究这类同性恋关系中男性群体的范围，那么需要在这些信息的基础上来确定抽样策略，以那些不认为自己是同性恋者但却处于同性关系中的男性为目标群体。这不是关于如何不从理论出发而开始研究的例子,而是关于如何利用现有理论来制定抽样策略的例子。

民族志是另一种不以理论为起点的质性研究方法。不过,民族志的目标在于综合性地描述和解释特定时间和空间下某个群体或场所发生的事情,而不是去专门发展关于某一社会现象的理论(Atkinson and Hammersley,1994)。关于民族志的本质存在着很多争论(Atkinson and Hammersley,1994)。与扎根理论不同,它没有提出关于抽样的特定方法。

没有理论的开始并不意味着没有完成背景阅读就可以进入研究。相反,它通常意味着要对正在发生的事情保持开放态度,并根据个人的观察给出解释。我们认为,熟悉在所选研究议题上已经完成的研究是至关重要的,尤其是它可能会帮助你明确抽样的优先原则,并为你的抽样决策提供依据。

抽样和招募策略

上一节讨论了关于抽样的一些哲学议题。在本节中,我们概述了质性研究中识别和招募参与者的主要方法。尽管这两项工作存在着一些重叠,但关于抽样的决策(应该选择谁或什么参与)要先于对招募策略的选择。质性研究人员通常使用非概率抽样技术。概率抽样是指以某种方式从人群中选择样本,以使总体中的每个成员都有平等的机会成为样本的一部分。为了使样本能够代表总体,样本需要具有一定的规模并满足其他一些条件。

就像使用概率样本的量化研究者一样,质性研究者也试图找到一个能够使研究结论具有广泛适用性的样本。然而,相比量化研究而言质性研究的规模通常较小,着眼的问题层次也有所不同。质性研究抽样在选择个案和参与者时主要考虑的是他们是否能够为研究问题提供相关信息。质性样本选择的四种方法是理论抽样、滚雪球抽样(snowball sampling)、目的抽样（purposive sampling）和方便抽样（convenience sampling）。有些研究者会采用不止一种抽样方法。在谈论参与者招募策略之前，我们将首先对这四种抽样方法进行逐一探讨。

理论抽样

如前所述，理论抽样是一种旨在发展理论的特定抽样方法。研究者在确定研究主题后，将选择适合的群体对研究问题展开探索。然而，不到研究结束研究者都无法确定要研究哪些群体或者多少群体，因为研究是持续进行的，直到不再产生新的资料并且达到理论饱和为止（Glaser and Strauss，1967）。

滚雪球抽样

滚雪球抽样法的名称来源于雪球在滚动中体积不断增大的生动形象，这种抽样方法要求受访者推荐更多的人来参与研究。这是质性研究中非常常见的方法之一。研究者一旦选定了研究问题并明确了目标人群，便会寻找该目标人群的一个或多个成员来不断扩充研究样本。这些关键的信息提供者应该能够并且愿意将研究人员介绍给其他参与者。滚雪球抽样必然只能接触到共处于同一社交网络的人员，因此适合于那些可能为这类个案所反映的研究问题。如果不是这样，研究者可以通过彼此没有关联的关键信息提供者来同时滚动多个雪球，从而使那些分布于不同网络中的人员能够被纳入进来。例如，一项研究可能对澳大利亚技术移民的工作经历感兴趣。在阅读了文献之后研究者可能会假定种族背景和英语水平会影响移民的工作经历，因此他们决定去采访不同种族背景的人。为此，他们可以从具有不同种族背景的移民开始，通常这些移民都会分别认识其他出身同一种族的人。这样，滚雪球技术就能够汇聚来自不同种族背景的人。如果研究仅从某一种族背景中的单个移民开始，那么最终样本可能在种族背景方面的异质性不会太高。

滚雪球抽样对于那些以较难接触到的人群为对象的研究特别有用。要研究弱势群体、从事非法活动者或被污名化的群体（如注射吸毒者）有时只能通过滚雪球抽样来完成。不过，由于所有参与者都处于相同或相邻的社交网络中，因此通过滚雪球抽样形成的样本其内部差异可能是非常有限的，研究者在研究设计中需要考虑到这一点。

目的抽样

目的抽样是指根据特定标准选择研究参与者，以使研究者能够回答他们的研究问题。被选择的参与者具有研究人员想要研究的特殊属性，这些被称为纳入标准（inclusion criteria）。纳入标准是指研究参与者必须具备的属性（Robinson，2014）。例如，在关于母亲从事家务劳动的研究中，参与者必须是已生育子女的女性（母亲身份是纳入标准）。排除标准（exclusion criteria）是使某人不具备参与此项研究资格的属性。在我们假定的家务劳动研究中，获得家务方面的有偿帮助就可能会像父职角色一样成为一项排除标准。不过，它们也可能不构成排除标准，这取决于研究的范围。显然，采用的纳入/排除标准越多，你选择的人群范围就越窄。

目的抽样通常在潜在研究参与者数量有限的情况下被采用。例如，哈迪·索哈比（Sohrabi，2013）的博士论文研究了穆斯林的公众人物。为了找到研究参与者，他搜索了在主流媒体和其他媒体上发表言论或被报道过的澳大利亚穆斯林。在确定了这些穆斯林的公众领袖之后，他便与他们取得联系以实施访谈。

目的抽样在质性研究中很普遍，可以和其他方法一起使用。滚雪球抽样有时也是一种目的抽样，如专栏 5.1 中所述的声望滚雪球法（reputational snowball）。声望滚雪球法是一种确定目标样本的方法，其研究者希望借助外部力量来保证他们对精英参与者的准确识别。另一种做法是研究者可以有目的地选择一组参与者，然后从他们开始进行滚雪球抽样。

专栏 5.1

同行提名声望滚雪球法

同行提名声望滚雪球法是滚雪球抽样的改进版本，主要用于识别精

> 英人士。在这种方法中一批参与者被要求按照社会声望来提名他人，然后研究者对这些提名进行整理，并将获提名最多的人士纳入研究。这是卡伦·法夸尔森（Farquharson，2005）在澳大利亚维多利亚州研究健康和烟草控制领域的政策精英时所采用的方法。在该研究中，七位被认为属于这些精英网络的人获得邀请发起滚雪球。每个人都提名了10~15个他们认为在以上两个政策网络中最有影响力的人。提名表格提交后，所有被提名的人都会收到一份提名表格，同样被邀请填写他们心目中的人选。滚雪球一共进行了五轮，直到提名中几乎不再出现新的名字。这项技术成功地锁定了一批政策精英。通过计算每个人获得提名的次数，法夸尔森最终确定了这个群体中最具公众声望的一组人士。

方便抽样

方便抽样是指选择容易接触到的研究参与者。一种常见的方便样本是大学生，他们通常容易接触并且对参与研究抱有兴趣。实际上，许多大学会要求学生将参加研究作为学习过程的一部分。但是，学生样本有很大的局限性：他们的年龄范围比较狭窄，并且往往在种族、社会阶层或其他可能与研究相关的特征方面无法代表更广泛的人群。

方便样本在质性研究中不一定是一个坏的选择，它能够成为研究的重要起点。当然方便抽样并不意味着你应该对数据收集漫不经心。方便抽样经常受到批评，因此在使用时需要提供充分的理论依据。有些人会认为这是研究者在万不得已的情况下才会去做的一种选择。值得注意的是，选择方便抽样就像选择其他抽样策略一样，前提是它适合于你的研究设计。

招募

招募策略是指你如何实施抽样策略，即如何使实际的参与者来参与你的项目。在某些时候，你将不得不直接询问人们是否愿意参加。滚雪球抽样和方便抽样既是招募策略又是抽样策略，因为它们能够帮你识别出所有你想要访问的人。

另一种策略是向潜在的参与者发布招募广告。尽管招募广告作为搜集质性样本的一种手段并没有得到多少讨论，但实际上却常常被研究者使用。研究人员可以通过网络广告、报纸广告、张贴传单、口口相传或其他方式来发布招募信息。广告还可以与滚雪球抽样合并使用，以搜集互不相关的子样本。例如，休·马耳他（Malta，2013）在一个约会网站上做广告，宣传她关于老年人浪漫关系的研究。参与者在接受访谈后又向她推荐了其他人，从而启动了若干个滚雪球样本的招募。

面向符合特定条件的参与者发布正式的招募广告有利于找到与研究者没有关联或者彼此没有关联的参与者，从而增加样本的差异。然而，如果存在没有回应的可能性，那么依赖广告就会带来风险。同时，广告通常只对那些有兴趣参与该项目的人具有吸引力。这一群体可能会与那些没有兴趣参加研究的人具有系统性的差异，这一点需要在解释研究结果和评估研究可推广性时得到考虑。

可推广性

人们通常认为质性研究不能推广到更广泛的人群。然而，扎根理论的目标正是推广。如果样本的选择能够使差异最大化，并且达到了理论饱和，那么所发展的理论就具有可推广性。理论饱和与可推广性能够形成概念上的联系（Becker，1988），正是由于一旦达到饱和就不会再有新的观点从数据中产生。这表明超越现有的样本可能并不会带来什么帮助。这种类型的可推广性与通过统计技术实现的类型不同，但它是真实存在的。

那些没有围绕扎根理论原理来组织的研究也可能具有可推广性，但需要加以说明。殷（Yin，1994）认为使用个案研究法进行的研究可以被推广，就像科学实验研究可以被推广一样。根据这种观点，研究结果应该向理论推广而非向其他个案推广。就像科学家并不尝试去进行"代表性实验"一样，质性研究者也无须去寻找"代表性"个案。每个个案都是一项有助于理论产生的实验（Yin, 1994: 37）。从殷的研究中得到的教训是，谨慎选择个案对于这类可推广性而言相当重要。

无应答

选择一个能够满足研究目标、回答研究问题的样本非常重要。然而，要想做到这一点必须要考虑好如何处理拒答问题。拒答者与应答者可能存在系统上的区别，从而导致样本偏差，并对研究发现的可推广性造成影响。法尔纳兹·兹瑞卡拜什（Zirakbash, 2014）在研究从伊朗移民到澳大利亚的职业女性时遇到了这个问题。兹瑞卡拜什对移民经历是否以及如何影响成长于伊朗伊斯兰共和国并具有穆斯林背景的高学历女性的生活很感兴趣。她想对有宗教信仰和无宗教信仰的女性都进行访谈，然而却发现如果研究被认为是针对宗教人士的，那么不信教女性就不愿意参加，反之也是如此。最终她的研究得到的样本几乎都是由不信教女性构成，因此其研究结果也难以推广到那些从伊朗移民到澳大利亚的信教的职业女性。

样本量

样本应该多大？这是质性研究者必须回答的关键问题之一。在扎根理论中，答案是"大到足以实现信息冗余和理论饱和"。在现实生活中这一答案提供不了太大的帮助，因为我们大部分人不具有足够的资源来支撑一个完善的扎根理论研究——我们不可能无限期地推进研究。不过，信息冗余较之理论饱和标准更低，更易实现，因此在确定样本是否足够时可以作为一个参考。当新的信息不再产生，研究者反复收到相同信息的时候，信息冗余就出现了。但是，在实践中我们经常需要提前向所在机构的伦理委员会具体说明样本的数量和构成，因此可能难以实现信息冗余或理论饱和。

可以考虑的第二个标准是充分性（sufficiency）（Seidman，1991；塞德曼也认为信息冗余是一个关键标准）。充分性意味着参与者能够代表研究涉及的社会类别（例如种族、阶级、性别或地区）中所包含的人群和场所。塞德曼（Seidman，1991）还建议要在每个类别中采访一个以上的成员。我们的观点是，你的样本量必须能够充分支持你回答研究问题并且获得具有适当可推广性的研究发现。并不存在一个魔法般的数字能够告诉我们样本量在何时达到要求，我们也无法事先知道到底需要搜集多少样本。

对于更复杂的研究问题，可能需要更大的样本。然而我们也需要认识到深入的个案研究也能够提供对社会现象的重要见解，就像罗伯特·墨菲（Murphy，1990）关于残障人士的自我民族志研究一样。作为这类研究的早期开拓者之一，墨菲利用自己作为进行性残疾患者的经历来探究残疾者的生活世界。他的样本量只有一个人，但这项研究却影响深远，在发表后的 25 年间仍被反复印刷。

抽样、不易接触者和研究伦理

本章开头提到的跨国毒品走私者研究并非虚构。罗斯林·勒（Le，2015）最近完成了一项博士学位研究，关注的是跨境走私毒品的越南妇女的行为（这类人也被称为"毒骡"）。由于这一活动的非法性，这些运毒者很难接触到。我所在大学的人类研究伦理委员会通常不允许学生研究违法行为，因为学生可能会由于其知识不足而陷入危险，还可能使参与者面临被起诉的风险。为了进行研究，勒必须设计一种研究策略，既能够识别毒品走私者，也不会使自己或被访者面临危险。因此，她采访了因走私毒品获罪并被监禁的妇女。这种新颖的策略使她能够完成一项非常有趣的研究。然而，这种抽样策略有一个很大的局限，即它只能接触到那些至少有过一次失败经历的运毒者。从未被抓到的毒品走私者与被抓到的毒品走私者之间可能存在系统上的差异。不过，这些收集到的资料为理解越南毒品走私者如何参与非法活动提供了极其有用的信息。

越南毒品走私者是不易接触人群的一个例子，其他例子还有被污名化的群体，如吸毒者和无家可归者。质性研究是认识这些群体的最佳方法之一。尤其是当研究人员能够获得愿意提供帮助的一两个关键信息人的信任时，滚雪球抽样就可以带来丰富的研究成果。由于对不易接触的人群开展研究经常需要采用这种方式，因此研究人员不仅需要考虑与研究伦理相关的问题，而且需要考虑自身的人身安全问题。你如果打算开展一项针对这类人群的研究，那么必须思考以下三个问题：

- 我如何在保证安全的前提下接触这类群体？
- 如果我得到了非正面的研究发现，那么对我自己和研究参与者可能会造成什么后果？
- 他们具有哪些脆弱性？

结语

本章探讨了质性研究中的抽样方法，特别是我们强调了支撑研究的哲学假设与抽样方法之间的关系，并对既有理论如何影响抽样决策做出了分析。本章还提供了研究者需要考虑的实际问题和一般准则。对于如何搜集样本或者样本量应该多大，并不存在硬性的规定。关于这些问题的决策应建立在研究问题和研究方法的基础之上。

阅读延伸

Denzin, N. and Lincoln, Y. (eds) (2011) *The Sage Handbook of Qualitative Research*. Thousand Oaks, CA: Sage.

该书对质性研究的各个方面进行了全面的论述，一些章节对抽样和可推广性问题进行了丰富的讨论。

Flyvbjerg, B. (2006) 'Five misunderstandings about case study research', *Qualitative Inquiry*, 12 (2): 219-245.

弗林夫伯格（Flyvbjerg）认为，结构完善的案例研究当然可以推广。

Glaser, B. G. and Strauss, A. L. (1967) *The Discovery of Grounded Theory: Strategies for Qualitative Research*. New York: Aldine de Gruyter.

对于任何有兴趣了解扎根理论的人来说，这部经典之作都是一个重要的参考资料。

Halkier, B. (2011) 'Methodological practicalities in analytical generalisation', *Qualitative Inquiry*, 17 (9): 787-797.

该文讨论了关于质性研究结果推广的各种方法。

McCormack, M., Adams, A. and Anderson, A. (2013) 'Taking to the streets: the benefits of spontaneous methodological innovation in participant recruitment', *Qualitative Research*, 13 (2): 228-241.

该文介绍了研究人员在其初始招募策略未能吸引参与者时所采取的非常规但却取得成功的招募方法。

研究实施:提出问题

第 6 章

访谈

本章内容

- 访谈：结构化和半结构化
- 半结构化访谈的设计
- 如何进行有效访谈——访谈提纲
- 沟通方式——现实性考虑
  - 同步访谈
  - 异步访谈（电子邮件访谈）
- 看还是不看——匿名与视像之间的权衡取舍
- 适合研究的访谈模式
- 有效沟通——在访谈中建立融洽关系
  - 呈现与披露
  - 在实时文本访谈中建立融洽关系
  - 在异步电子邮件访谈中建立融洽关系
  - 在沉浸式数字环境访谈中建立融洽关系
- 结语
- 阅读延伸

第6章 访谈

访谈：结构化和半结构化

"你的假期过得怎么样？你什么时候回来？你去了什么地方？那里天气怎么样？"

访谈本质上是在向他人提问，这是我们了解事情最常用的方法之一。从这个意义上讲，访谈是一种我们所有人都熟悉并习惯用于对话的技术，而且实际上它已经被描述为一种有目的的对话（Berg，2001）。安·奥克利以略带煽情的语气说："访谈就像是婚姻：每个人都知道那是什么，很多人都身处其中，但是每个紧闭的大门后面都有一个不为人知的隐秘世界。"（Oakley，1981：30）在本章中，我们希望打开通往有效访谈秘诀的几扇大门。

研究性访谈可以被理解为一种特定类型的对话，对话的方向由研究者把握。研究者引导对话的程度、提出问题的类型，甚至提出问题的方式都可以追溯到研究者关于知识以及自己与研究对象之间关系的假设上来。

后实证主义的访谈逻辑是它是通向事实的窗口，访谈者是谁不应该对所收集的资料产生影响。后实证主义研究所追求的可靠性意味着无论谁来实施研究，都应获得相同的结果。对于如何开展访谈而言，后实证主义通常要求访谈者按照特定的一组问题向受访者提问。无论由谁进行访谈，都将使用完全相同的措辞来询问相同的问题。这里的基本假设是无论访谈人是谁，相同的问题将保证参与者的答案相同。

预先设置问题的访谈类型被称为结构化访谈。在结构化访谈中，问题可以由访谈者按照设定的顺序读出，或者以书面形式提供给研究参与者由其自己填写。当采用访谈者提问并记录答案的方式时，可以通过面对面、电话或者网络实时对话等不同形式来进行访谈。这种结构化访谈的主要优点如下：首先，很容易进行大规模的访谈，尤其是通过电话询问或由受访者自行完成的访谈；其次，如果采取访谈员提问的方式，那么培训也比较简单。然而，结构化访谈在与受访者建立融洽关系、跟进受访者的有趣观点、调整语言表达以使提问更适合访谈者或被访者以及回应被访者的肢体语言等方面都存在着局限。有时，在受访者针对较早问题的回答中会包含对后面问题的回答，而访谈员别无选择，只能按照既定的设计来读出后面的问题。尽管所有的访谈都是为了达成研究目标而人为设计的，但结构化访谈可能会让人感到特别僵硬和不适。你是否曾经参加过调查并在回答提问的过程中有过受挫的感觉（即使你被给予了一定自由回答的空间）？你可能在完成调查之后感到自己没有机会表达真实的感受或想法。你甚至可能会觉得访谈者并没有真正去聆听你所说的话。这些都是结构化访谈潜在的问题，因为研究参与者没有被赋予访谈的主导权，访谈者也不能根据情境来修改访谈问题。

表 6.1 按照研究者所依据的研究范式列出了不同类型的访谈在结构化程度上呈现的典型特征。

表 6.1　不同访谈类型的典型结构化特征

研究范式	实证/后实证主义	批判主义	建构主义
结构化	√		
半结构化		√	√

半结构化访谈的设计

我们可以把访谈的结构化程度想象成一个连续统，一端是结构化访谈，另一端是非结构化访谈。结构化访谈直接关注研究者想要获得的信息，而非结构化访谈几乎就像是一场谈话。居于这两种极端之间的是半结构化访谈，这是本章剩余部分的重点。非结构化访谈更接近于被访者的故事创作，我们将在第 11 章中对此进行讨论。半结构化访谈彼此之间存在着很大差异，因为"半结构"这一表述既包括比较结构化的访谈又包括比较无结构化的访谈。访谈的方向在多大程度上由研究参与者的表达而非研究者的问题主导,不仅取决于研究者有多大兴趣让参与者发声,而且取决于研究者有多了解这个主题。研究的探索性越强,研究访谈中的结构性就越弱。

例如,我们可以比较在以下两种情况下使用半结构化访谈的依据和考量。第一个例子是,维维恩·沃勒以半结构化访谈的方式对行业领袖如何感知和认识与行业相关的政府计划进行了采访。关于行业领域政府计划的认知是一个非常宽泛的主题。研究人员不知道访谈对象会了解其中的哪些内容,以及他们的经验和看法会是什么。在这种情况下由于主题的宽泛性,预设问题是没有意义的。访谈者需要在行业领袖给出答案之后再进一步追问和探索。

第二个例子也是沃勒所实施的一个半结构化访谈,但这次访谈的主题是失业青年对于自身失业经历以及一项政府就业计划的体验。相比上一个例子,这项研究的主题有着更加明确的界定。

两项研究都是服务于政府部门的,并且构成这些政府计划评估的一部分。每项评估都依据法律的要求,并且评估的总体目标都是客观衡量政府计划的成功与否。换句话说,这两项研究都建立在后实证主义假设的基础之上。那么为什么在青年就业计划的评估中也采用半结构化访谈呢?对青年失业情况进行统计分析可以衡量就业计划的净影响,这种方法会更符合后实证主义框架。然而,尽管在法律框架之下所制订的研究计划是后实证主义的,但执行这一研究计划的研究者所持有的价值观和信念却更符合主张赋权边缘群体的批判主义传统。传统上,失业青年在社会上没有发声的机会。因此,研究人员在研究设计中特意加入了半结构化访谈,以使有权决定就业计划命运的决策者和政治人物能够听到失业青年的声音。这个例子很好地说明了在我们纷繁复杂的现实生活中,一项具体研究可能未必会绝对遵守一种特定的研究范式或一组价值观和信念。

如何进行有效访谈——访谈提纲

一旦决定进行半结构化访谈,你需要准备一份访谈提纲(interview

guide），也称为访谈清单（interview schedule）。在访谈的初始阶段，你可能需要介绍自己的身份并概述研究的目的。你可能希望向受访者说明你关于整个访谈的计划，使对方明白你想在多大程度上来主导这场对话。例如，假设你以下面几句话作为访谈的开始："我们将会谈到几个方面的话题。首先，我会询问您所知道的关于家庭学校的媒体信息；其次，我想了解您参与家庭学校的情况；最后，我将询问您如何看待家庭学校对学生的利弊。"当以这种方式来开启访谈时你就已经向受访者表明了你对本次访谈有着清楚的计划，并且希望控制访谈的方向。而与此相对的一种开篇方式则是"请和我聊一聊您关于家庭学校的看法吧"。以上两种方法都是合理可行的，然而它们却向被访者传递了截然不同的关于你希望访谈如何进行的信息。在建构主义研究者看来，访谈对研究参与者来说是一次重要的增能体验，因此第二种方法可能更加合适。你如果尚未获得受访者的知情同意，则需要在访谈实际开始之前完成此项工作。同样，你如果想记录访谈内容，也需要事先征求受访者的同意。

要进行有效的访谈需要设法保持对话的畅通。因此，在准备访谈清单时将半结构化访谈视为一种引导性对话可能会有所帮助。你会期待访谈涵盖一些特定议题。你希望被访者能够回应你所提出的全部主题并能对其进行必要的挖掘，但是你也希望尽可能少地干扰对话的进行。我们的建议是你的访谈清单越是精简，你就越可以专注于受访者。访谈的时候每隔一会儿在访谈清单上找到对应的问题，然后向受访者读出问题，确实会破坏访谈的连贯性。当访谈对象谈及所列议题时，你可以及时地做一些标记。这种方式可以帮助你密切留意哪些议题已经被回应，而不论它们被谈到的先后顺序如何。准备是关键。你如果计划使用一组访谈员来进行这项工作，那么必须对他们进行充分的培训，确保他们能够清楚地理解每个访谈主题的含义以及每个问题的目的，这一点至关重要。

举一个例子，专栏 6.1 包含了一个用于半结构化访谈的访谈清单，使用该清单的研究关注的内容包括人们向家庭寻求的信息类型、保持信息沟通的方式以及与一系列信息源的接触方式。这些针对家庭成员个人的访谈是在家庭访谈结束两周以后进行的，研究人员向受访者发放了录音设备以供他们对日常信息搜寻活动做录音日记。这意味着访谈者已经见过受访者，无须再次介绍自己或研究的情况。请注意访谈清单既包含要询问的问题，也包含访谈的要点。假如你去听访谈录音，就会发现在每个访谈中访谈者都根据被访者的回应而提出了各种不同的问题。还请注意这份访谈清单在实际打印时拉大了文字的间距，使其能够覆盖纸张的整个页面，这样能够方便访谈者在使用时快速浏览提问要点并对已被回应的问题进行标记。

> **专栏 6.1**
>
> ### 半结构化访谈清单示例
>
> - 对不同信息来源的使用和评估。
> - 对录音设备的看法——是否对他们查找信息造成了影响？
> - 信息达人（information go-to person）？
> - 你有没有寻找过某一本书或者尝试查找过与某一本书有关的信息？你会去哪里查找这方面的信息？
> - 互联网的使用——你在互联网上的什么地方查找信息？
> - 你是否曾经使用以下方式来查找信息？（评价受访者对每个信息来源的使用情况以及他们喜欢/不喜欢的方面）
>   - Google？
>   - 特定的网站？哪些网站？
>   - 维基百科？
>   - 论坛？
>   - 社交网站（例如 Facebook）？
>   - Twitter？
>   - Youtube？
>   - Itunes？
>   - 移动设备？
>   - 广播/电视作为信息来源？

• 图书馆——当地图书馆的用户？图书馆员？州立图书馆？知识库？

访谈结束——感谢受访者。

专栏6.2展示了如果以结构化访谈的形式进行，该访谈的第一部分会是什么样子。

专栏 6.2

结构化访谈清单示例摘录

使用和评估不同的信息来源：

1. 您对我们留给您用于记录信息搜寻活动的数码录音机有什么意见？

2. 您是否认为在过去两周录音机对您搜寻信息的方式产生了影响？

如果有影响，是哪些影响？

3. 我现在要问您一组关于您使用互联网情况的问题。我尤其感兴趣您是如何使用互联网来查找信息的。首先，我想问您一些有关Google这一搜索引擎的问题。

a) 您曾经使用Google查找信息吗？

如果没有，请转到问题4。

b) 您使用Google搜索过哪些方面的信息？

c) 您认为Google最适合用来搜索什么类型的信息？

d) 平均而言，您多久使用一次Google？

e) 有没有什么类型的信息您是绝对不会使用Google来搜索的？

f) 您会点击浏览哪些搜索结果？

g) 您为什么会选择点击浏览这些结果？

h) 您喜欢Google的哪些方面，如果有的话？

i) 您不喜欢Google的哪些方面，如果有的话？

4. 您是否曾经访问过特定网站以获取信息？

第 6 章 访谈

有些学者主张在访谈刚开始时问一些破冰问题（Creswell，2014）。尽管帮助访谈对象轻松进入话题而把敏感性问题留到后面提出通常是一个好的办法，但是请确保你提出的问题一定与研究有关。这体现了对参与者时间付出的尊重。你如果乐于让受访者来主导半结构化访谈的方向，那么问问他们是什么吸引了他们参加这项研究不失为营造轻松对话氛围的一个好办法。

如第 1 章所述，立足于批判主义或建构主义范式的人会认为访谈是对研究参与者生活的干预。访谈甚至可能是双向的信息流。例如，调查新入境难民经历的访谈员可能会给被访者带来一些相关的服务信息。沃勒曾采访过一位刚入境的难民，发现受访者使用的无线网连接存在明显的安全问题，导致其账户中出现了由于未授权的网络使用所产生的大量账单。沃勒借此机会告诉她保障网络安全的必要性，以免邻近住户在她不知情的情况下占用她的网络资源。

反思你自己对研究主题的先入之见也很重要。你提出的问题中是否包含有关该主题的特定假设？回到前文有关家庭学校的例子，请考虑以下访谈问题：

您是否认为孩子在家上学会错失一些重要的经历？

而一种更中性的询问方式如下：

您认为孩子在家接受教育有哪些好处或坏处？

你还需要考虑所提问题可能给研究参与者带来的影响。例如，如果你的访谈话题涉及对方愤怒或悲伤的感受，那么你需要考虑他们在访谈结束之后的感受。无论你采用哪种研究范式，从研究伦理上说都需要对访谈进行结构化设计，以防止受访者在接受访谈后产生更为负面的体验。

当受访者回答了访谈的所有问题时，我们建议你告知对方他们已经完成了访谈，也许可以再问一下他们有无需要补充的内容，然后向对方致谢并肯定他们所做贡献的重要性，以此来结束访谈。你如果想再次访谈对方，那么此时征求他们的许可会是一个好的做法。你如果信奉的是建构主义或批判主义范式，则可能希望给受访者一些机会来对你的访谈笔录或者你在研究的最终报告、文章或论文中所做的诠释发表意见。

我们还建议你尝试对访谈进行录音，除非你认为这会对受访者的体验和回应产生不利影响。请记住，如果你对访谈内容做了录音，就没有必要再做大量笔记。做笔记会分散注意力，从而难以充分听取受访者的声音。访谈完成后需要马上留出一些时间，找一个安静的地方记下你的印象以及任何录音中未捕捉到的内容。你如果已经对访谈录了音，那么请确保至少完整地听过一遍访谈录音，从而能够客观地评估你自己作为访谈员的表现。

不仅受访者可能会受到访谈中讨论话题的负面影响，访谈者也可能会因访谈内容而感到困扰。在关于创伤、暴力或虐待经历的研究中，出现这种情况也许并不出乎我们的意料。但实际上即使是一个听起来不错的话题，也可能引出一些令人不悦的叙说。例如，有关移民经历的访谈可能会包含对生活艰辛的讨论，访谈者也可能会因受访者表达的态度（例如性别歧视、种族偏见或恐同态度）而感到困扰。无论研究的主题是什么，访谈员都应当拥有获得支持和进行报告的机会，这一点很重要。如果访谈任务可能使访谈员感到不安，那么可以考虑在研究预算中加入为访谈员提供专业咨询的支出项目。

沟通方式——现实性考虑

如你所了解到的那样，你很可能假设我们所指的访谈都是面对面式的。的确，直到十年前几乎所有的半结构化访谈都还是以面对面的方式进行的，极少数会通过电话来完成。互联网技术的进步使得通过网络进行访谈的新形式成为可能，包括在沉浸式虚拟环境［例如《第二人生》(Second Life)］中进行访谈。在本节的讨论中，我们将借鉴一些研究人员在使用这些新型访谈形式方面的经验。

第 6 章 访谈

表 6.2 总结了以不同媒介为依托的沟通类型，根据它们是否实时（同步）以及采用的沟通方式（视听、音频或文本）进行了分组。你可以从上一专栏中的示例看到，"线上访谈"（online interview）一词涵盖了所有这些可能的模式。在对网络访谈进行一般性观察之前，我们将首先来讨论与这些不同模式相关的一系列问题。然后，我们将总结一些与受访者建立融洽关系的技巧，因为访谈方式是采取何种具体技巧的先决因素。

表 6.2 访谈模式

模式	时序	联系方式
视听	同步	亲身参与、互联网——如 Skype、3D 沉浸式虚拟环境
音频	同步	电话、互联网——如 Skype 音频
文本	同步	互联网——如即时信息、Facebook、Skype、Google Talk、LinkedIn Chat
文本和视像	同步	3D 沉浸式虚拟环境——如 Second Life
文本	异步	电子邮件

同步访谈

视听模式

此模式包括亲身参与（即面对面访谈）和通过互联网进行实时视听通信（例如，通过 Skype）的方式。面对面访谈是半结构化访谈最常见的形式。许多人珍视这一方式赋予访谈的力量，即一种很难用客观标准进行界定的"在场感"。例如，你能够从被访者紧张不安的手部动作或者自信的坐姿中有所领会，或是能够"感觉"到在谈论某个主题时的紧张空气。音频可以使你听到声音，视频可以使你看到面部表情，而面对面则可以让你观察和利用全部肢体语言。由于访谈者的肢体语言对受访者来说也很明显，因此研究者的明智做法是细心留意自己任何可能令人分神的习惯。即使你很紧张，也要尝试表现出自信，因为访谈者的紧张感会极大地分散被访者的注意力。

面对面访谈的地点非常重要。所选地点要能够让受访者感到舒服，并且方便他们前来。在某些情况下，访谈主题能够提示我们什么地点最为合适。例如，沃勒对互联网的家庭使用很感兴趣，因此受访者的住所是最佳的访谈地点。这样，沃勒能够在访谈之外同时观察与之相关的环境特点，例如计算机的位置、电视的尺寸以及房屋的文化风格，这也能为她兼顾家庭访谈和个人访谈提供方便。很多时候，询问访谈对象希望在哪里进行访谈会是比较合适的做法。

一个重要的现实考虑是你需要一个足够安静的地方，以便在采访时能够成功记录访谈的内容。咖啡厅可能是一个舒适和中性的场所，但也可能很嘈杂。如果主题敏感或者涉及隐私，那么访谈地点应能确保受访者可以安心讲话而不会被他人听到。

音频模式

在音频采访中，访谈者和受访者都可以听到彼此的声音，但是没有视觉提示——交流完全是基于听觉的。访谈可以使用固定电话、移动电话或者在线进行。这种方式的优势在于能够接触到分布于不同地理位置的研究参与者，而避免了相关的交通成本。

使用诸如 Google Talk 或 Skype 音频的在线音频访谈在功能上等同于电话访谈，但可能花费更小。被访者身处什么样的环境仍然很重要，因为需要保证他们在访谈中免受干扰并且不因环境而对发言有所保留。例如，在对方的工作场所就某个敏感话题而进行访谈通常是不合适的。

沉浸式视频环境

沉浸式视频环境也常被称为虚拟世界，包括 Second Life 等环境。在该类环境中，访谈者和被访者都将以虚拟化身（即数字化图示）进行交流。正如萨蒙斯所指出的那样，这些环境在应用于访谈时具有一定的独特性，"包括在研究性访谈的背景下实现对研究现象某些方面的访问、探索、演示或模拟"（Salmons，2012：106）。在这些沉浸式视频环境中，研究参与者还可以在回应访谈问题时有意识地使用其虚拟化身的肢体语言来传递语言以外的信息。这些方式可能最适合以沉浸式视频环境本身为主题的访谈。

文本模式（同步式）

同步文本访谈是指依靠互联网和个人即时通信应用程序进行的访谈。文本模式对于采访残障人士来说特别有用，因为他们往往不希望别人在交流时关注他们身体的残缺（Bowker and Tuffin，2002）。这种访谈方式的另一个主要优点是可以自动生成笔录。

当研究人员有兴趣了解人们如何使用这种交流方式时，通常会采用基于文本的在线同步访谈来收集资料。例如，休·马耳他（Malta，2012）借助私人聊天技术进行在线实时采访，研究老年人的互联网浪漫关系。很显然，她感兴趣的人群是那些熟悉并且习惯使用基于文本的互联网技术进行交流的老年人，尽管其中有些人未曾使用过在线聊天工具进行实时通信。同样，库奇和利安帕通（Couch and Liamputtong，2013）在他们关于人们如何使用互联网结识潜在性伴侣的研究中利用即时通信工具来进行访谈，因为这类人群在网上交流时经常会使用即时通信。戴维斯等（Davis et al.，2013）在他们关于男同性恋者利用网络进行性活动的研究中也使用了这种方法。

使用在线文本同步访谈的体验是不尽相同的。例如，戴维斯等（Davis et al.，2013）就形成了比较负面的感受，他们发现研究者容易收到非常简短的答案，并且难以得到澄清，不易深入挖掘，有时对话会陷入无序状态，因为预设的发言时间很难执行。他们得出的结论是，在线实时文本访谈"并没有帮助他们去更好地探寻意义"（Davis et al.，2013：203），但在与其他形式的资料收集方法结合使用时是有用的。相比之下，马耳他（Malta，2012）以及库奇和利安帕通（Couch and Liampattong，2013）则认为即时通信访谈是一种成功的方法，能够促使被访者提供相当详细的回答。这种访谈方式的主要优点是可以自动生成访谈记录。

异步访谈（电子邮件访谈）

到目前为止我们讨论的所有访谈方式都是同步的（即实时进行的），而电子邮件访谈是异步的。访谈员通过电子邮件将最初的问题发送给研究参与者，然后基于对方的回复增加更多问题或评论以期得到进一步回答。一轮访谈可能需要几个月才能完成，尽管可以同时开展多个访谈。

接受电子邮件访谈的参与者有更多时间来思考和确定他们要做的回应，这使他们给出的回答可能是深思熟虑的。道林（Dowling，2012）的研究关注的是坚持长期母乳喂养的母亲，她同时采用了面对面访谈和在线异步访谈两种方式。尽管这是一个与身体有关的话题，但仍然十分敏感。道林发现从在线访谈中获得的资料比从面对面访谈中获得的资料"更丰富、更全面"（Dowling, 2012: 291）。她注意到，涉及身体的敏感话题经常会出现这种情况，例如阿尔茨海默病、癌症、饮食失调以及男同性恋者的网络性活动等研究主题。与此类似，詹姆斯和布什尔（James and Busher, 2013）在研究教学型学者的职业认同时也发现当访谈对象拥有回答问题的时间自由时，可以使访谈收获到更加丰富的故事。此外，他们还认为这一访谈方式能够激发参与者的反思，因为"电子邮件访谈中连续可见的邮件记录使被访者能够重新审视在访谈过程中被暂时搁置或遗漏的一些问题"（James and Busher, 2013: 241）。而有些研究者却看到了相反的情况〔例如，道林（Dowling, 2012）曾提到的奥加德（Orgad）以及马耳他（Malta, 2012）〕。马耳他发现在电子邮件采访中尽管被访者有条件进行一定的准备从而能给出更有针对性的回复，但这些回答通常都非常简洁。马耳他对电子邮件采访所怀有的担忧是假如被访者试图去为自己构建某种形象，那么给予被访者时间去修饰他们的答案就可能会使回答的诚实性受到损害。

在访谈者与被访者存在时差的情况下，电子邮件访谈的优势就会尤其突出。与即时消息一样，电子邮件访谈会自动生成采访记录。对于时间安排有困难的人来说，异步采访也很有用。例如，道林（Dowling, 2012）发现就这一点而言在线异步访谈特别适合于她对母乳喂养母亲的研究。母亲们可以在她们方便的时间进行答复，通常是在她们不被孩子分心的时候。事实上，她们"经常在深夜或孩子打盹时来发表评论"（Dowling, 2012: 283）。道林认为，相比实时访谈，这种方式能够使她们进行更多的思考。多伊奇（Deutsch, 2012）和道林（Dowling, 2012）还发现了异步在线访谈给受访者带来的附加好处。他们认为，被访者有机会在自己的时间里思考他们所关心的问题通常于自身而言是有益的。

就实践性而言，卡兹默和谢（Kazmer and Xie, 2013）权衡了实时和异步访谈之于访谈者的利弊。实时访谈面临着如何妥当安排访谈时间的挑战；异步访谈不涉及时间问题，但如何吸引访谈对象参与研究是研究者所面临的一大挑战。

看还是不看——匿名与视像之间的权衡取舍

实时和异步文本访谈都为受访者提供了一定程度的匿名性。一些研究人员发现当访谈为研究参与者提供适当的匿名性时，会使敏感话题的引入更加容易。例如，马耳他（Malta，2012）在关于网络恋情的研究中进行了面对面和实时在线文本访谈，她发现在后一个场景中更容易提出敏感话题并获得回应，例如爱情、性和亲密关系。但是，在这一点上研究人员也面临着权衡与取舍，因为受访者的匿名性越高，访谈者所能捕捉到的听觉和视觉暗示就越少。诚然，受访者可以有意识地使用文字中的表情符号来代替通过声音或表情传达的情绪。然而，被访者也会无意识地通过语调、外形和肢体语言向访谈者传递重要的信息。匿名访谈的另一个缺点是，受访者所提供的答案可能未必是他们的真实情况。

西摩（Seymour，2013）曾经对残疾人做过在线研究，她对于上述关于文本沟通的看法提出了不同的意见。她认为，我们经常高估了身体在场和肢体语言的重要性。实际上我们可以通过受访者的书面语言了解到很多信息。尽管我们看不到"阶级、性别、声望、种族、年龄和能力意识的显在表达"，但这些特征在受访者的话语中是"可见"的（Seymour，2013：275）。马耳他（Malta，2012）提供了一个例子，借此说明对被访者的回应保持敏感和警觉能够帮助研究者辨别对方所说是否属实。她回顾了自己的一项研究，其中一个自称是年长男性的参与者在接受访谈时所做的回复就像短消息一样，并且在回复的末尾反过来向她提出了很多问题。马耳他怀疑这位参与者并非真的是一位年纪很大的男性，于是终止了访谈并且将他从研究中排除了出去。

研究者不应该花费太多时间来忧虑受访者可能不是他们自己所说的那样。在任何形式的访谈中，包括面对面访谈都存在被访者为了向访谈员呈现自己的特定形象而编造答案的可能性。一个好的访谈者会对这种可能性保持足够的警惕。

适合研究的访谈模式

到底哪一种访谈模式最适合你的研究，其实并不存在硬性的标准。最关键的一点是作为一名研究者，你已经充分考虑了各种可能的访谈方式之于研究的利弊所在。下文关于该议题的一般看法和观察应该有助于你做出决定。

首先，最好使用研究参与者熟悉的媒介进行访谈。允许受访者选择他们希望使用的媒介来接受访谈是近年来日趋普遍的做法。例如，马耳他（Malta，2012）为访谈对象提供了四种参与半结构化访谈的媒介：面对面、电话、在线即时消息和异步电子邮件访谈。在关于网络恋情的研究中大多数受访者选择了在线即时消息的方式，因为他们已经习惯了这种媒介并且能从中获得匿名保护。正如泰勒所说，"最终，一些研究参与者可能更喜欢使用电子邮件，而另一些参与者则更喜欢电话交谈、网络采访或者线下会面"（Taylor，2013：59）。

在决定要不要给予研究参与者选择访谈媒介的权利时，请考虑一下某种媒介是否更适合于现实情境以及是否有可能增加参与度。你如果决定使用某种媒介，则需要考虑研究主题以及参与者与研究主题的关系，包括匿名性对受访者的重要程度。如果你的访谈对象分散在不同的地理位置，那么面对面采访的花费可能会非常高昂。

如果要借助网络进行访谈，一定要有明确的理由。例如，可能是为节省差旅费用，或者是因为话题具有敏感性，希望访谈直接生成文字记录，再或是研究主题与网络使用有关。不过，你需要确保所有你想访谈的人都能够接受你将在访谈中运用的技术。同时还需注意，你所选择的主题可能会使某些特定群体被排除在外。并非每个人都使用互联网，例如在澳大利亚有六分之一的人不使用网络（Australian Bureau of Statistics, 2014），而且也不是每个人都乐于通过互联网进行交流。

如果借助诸如 Facebook、LinkedIn 或 Second Life 之类的专有技术环境进行研究，则需要保持谨慎。迪根（Deegan, 2012）曾使用 Facebook 联系访谈对象，对一群参与创意写作计划的青年人展开关于自信心提升的研究。当她由于未知原因被禁止登录 Facebook 时，她的研究进展受到了严重的阻碍。

要在同步和异步访谈模式之间做出选择，你还需要考虑研究周期问题，因为异步电子邮件采访可能要花费几个月的时间。此外，如果你对观察被访者的思考过程怀有兴趣，那么同步访谈可能比异步访谈更有帮助，因为在异步访谈中你只能看到经过精心设计的最终答案（Kazmer and Xie, 2013）。

有效沟通——在访谈中建立融洽关系

在沟通的有效性方面，不同的访谈模式面临着各自的独特挑战。在进行第一次访谈之前你需要考虑并决定如何去聆听和回应，以及如何呈现自己，包括自我披露的程度。你将做出什么样的选择取决于研究背后的基本价值观和信念。

无论是面对面式还是文本式，无论是同步还是异步，访谈在某种程度上都是一种平衡行为。有效的访谈意味着充分认识并且能够在建立融洽访谈关系和坚守研究者视角之间找到平衡。一方面，你需要足够融洽的访谈关系令受访者感到舒适并愿意提供完整而诚实的回答；另一方面，你要意识到与受访者进行这种"伪聊天"的唯一原因是你正在进行一项研究。在此过程中你需要厘清并尝试实现某种平衡，即将"伪对话"引向研究者希望询问的内容和让参与者谈论他们想要交流的内容之间的理想平衡。一方面，你希望受访者谈论的内容与你的话题相关；另一方面，你如果想使访谈成为被访者的一次赋权经历，那么则不希望完全控制对话。你也不想使访谈聚焦的范围太过狭窄，从而限制可能从交流中获得的信息。

对于后实证主义研究者而言，重要的是访谈者要在情感上脱离访谈内容和被访者。访谈者不应对受访者的任何回答做出任何价值判断，以确保受访者无法辨识出访谈人关于研究主题所持的任何想法。这其实是一个度的问题，不过与持中立态度研究者的理想形成鲜明对比的是批判主义和建构主义研究者可能会有意识地向正在述说苦难与不幸的受访者表明自己会"与他们站在一起"并提供支持性的意见。无论是文本访谈还是视听访谈，同步访谈还是异步访谈，都应该秉持积极聆听的原则，包括对受访者的回答表示兴趣，感谢他们的回答，并做出适当的回应和跟进。

呈现与披露

建立融洽关系的做法之一是向受访者恰当地展示自己的身份。研究表明，我们在与他人见面的最初几秒钟内形成对他们的初步印象（Slepian et al., 2014）。在研究者对受访者建立印象的同时，受访者也会形成关于访谈者的认识。所有研究人员都必须管理好自己的身份和形象，无论访谈是通过会面、电话还是通过文本或虚拟化身而实现的。在面对面访谈中，研究人员的着装可能对访谈关系的融洽程度产生影响。如果我们在沉浸式的数字环境中进行访谈，重要的是作为我们身份替代的虚拟化身必须是"可信的"（Salmons, 2012: 184）。在纯文本访谈中，我们会通过话题设计和遣词造句的方式给人以某种印象。在安排电话或电子邮件访谈时，谨记我们对自身的介绍也同样至关重要。尽管这不是实际访谈的一部分，但初次联系很可能使研究参与者形成对我们的第一印象。

访谈对象是根据与研究主题相关的一些特定标准来选取的，例如他们具有特定的身份，参加过特定的活动或经历过特定的现象。很多时候就特定研究主题而言，研究者也是一位"局内人"（Hesse-Biber and Leavy, 2011）。后实证主义研究者力图在自我呈现上保持中立，包括服装的选择和语言的使用，以免分散访谈的焦点。与此相反，持建构主义或批判主义视角的研究者可能希望披露自己的内部人身份，或者有意识地努力表现出对被访者的同情，正如下述例子所展示的那样。

我们所披露的个人信息是我们自我介绍的一部分。如上所述，批判主义和建构主义研究者可能会有意识地提供有关自己背景的信息，以减低访谈者和被访者之间的权力失衡。例如，道林（Dowling，2012）在对坚持长期母乳喂养的母亲进行在线访谈时为了减少受访者的顾虑而披露了关于她自己的一些信息，包括她曾是长期母乳喂养者的事实。她认为，这样做会让访谈感觉更加平等。同样，马耳他在与老年人进行有关网络恋情的在线访谈时为了使访谈关系更加和谐融洽，她透露了自己已是人到中年的事实。她这样描写当时的感觉，"好像我在做的不是一个访谈，而更像是一次聊天。随着访谈的进行，这种感觉变得越来越强烈。我愿意把这种状态当作自己与被访者之间形成的一种平等关系"（Malta，2012：161）。

不过，访谈者在主动选择自我披露以表明自己与被访者有共通之处的时候必须保持敏感。无论是就年龄、婚姻、性取向、种族或宗教等属性还是过去的经历而言，受访者都可能无法认同这些访谈者所假定的联结或共性。他们可能会对这样一种推断感到不自在，即由于某种属性或经历他们便在某种程度上与访谈者相似，或是访谈者由此掌握了一些关于他们的"内幕"信息。

在实时文本访谈中建立融洽关系

当访谈以文本方式进行时，需要更加有意识地来努力建立融洽的关系。萨蒙斯在关于文本访谈的论述中指出，"当采取在线访谈的形式时，研究人员必须设计和学习新的方法来建立信任关系，调动参与者分享个人的想法和观察，披露自己的观点或经验"（Salmons，2012：xvii）。这对于实时文本访谈尤其重要，因为在这一情形中受访者可能会同时进行多项工作，或者受到多项事务的精力牵扯。迪根（Deegan，2012）对年轻人的研究发现，当使用实时在线聊天的方式采访这一群体时存在着很大的时滞问题。在她发现背后的原因是受访者在接受访谈的同时也在处理其他事务之后，便切换到异步电子邮件采访的模式。总体上，马耳他认为她所进行的即时消息采访"模拟了面对面双向对话的正常过程"（Malta，2013：159）。

当然，她也留意到每当参与者去开门迎客或者参加另一个在线对话时正在进行的交谈就会出现一些"岔子"。不过她的态度是尽管这种情况会消耗人的耐心，但从积极的方面来看这些间断也使她有了足够的空间来反思访谈的进展。

在异步电子邮件访谈中建立融洽关系

就建立良好的访谈关系而言，异步访谈所面临的挑战可能是最大的。詹姆斯和布什尔（James and Busher，2013）建议如果研究人员打算长时间使用异步电子邮件访谈，那么应该预先花一些时间与访谈对象建立关系，因为整个过程涉及被访者相当多的投入。研究者面对的另一个难题是被访者的两次回复之间可能会存在数周的时间间隔，而且对这一期间的沉默很难做出解释。道林说："我担心可能因为自己所写的东西，因为自己要求太多，或是在某些方面'做错了事'而疏远了我的研究参与者。"（Dowling，2012：288）

在沉浸式数字环境访谈中建立融洽关系

在沉浸式数字环境中进行访谈时建立融洽关系至关重要的一点在于，访谈者必须了解在他们使用的数字环境下有什么特定规范以及存在哪些"精心细致而又富有意义的方式来进行沟通和协商社会关系"（Taylor，2013：60）。另一个棘手之处是，被访者可能拥有多个在线角色。泰勒指出，"很多时候，访谈一个人会涉及很多人"，因为被访者可能会作为其线上多个化身的其中之一说话，也可能作为离线的自己发言，或者在这些角色之间来回漂移（Taylor，2013：54）。

结语

访谈就像骑自行车一样简单。它是一种与平衡有关的行为，包括在建立融洽访谈关系和保持研究者视角之间以及在研究者引导"伪聊天"走向目标问题和受访者基于表达意愿主导对话之间实现理想的平衡。你所追求的平衡点位于何处取决于研究访谈所基于的价值观和信念。与骑自行车一样,最好的学习方法就是行动起来。

阅读延伸

Bagnoli, A. (2009) 'Beyond the standard interview: the use of graphic elicitation and arts-based methods', *Qualitative Research*, 9 (5): 547–570.

如该文所述,在某些情况下访谈者可以让参与者以绘画的方式回应问题,同样能够获得有价值的见解。

Denzin, N. (2001) 'The reflexive interview and a performative social science', *Qualitative Research*, 1 (1): 23–46.

邓津在该文中对信息收集式的研究访谈进行了批评并提出了一种新的访谈形式,他称之为反思性访谈,这种方式更接近于一种表演文本以及研究人员与参与者之间的合作。

Lundgren, A. S. (2013) 'Doing age: methodological reflections on interviewing', *Qualitative Research*, 13 (6): 668–684.

这篇富有洞见的文章从建构主义视角出发,分析了访谈作为一种方法如何在研究者和受访者之间建立了特殊的关系。

Oakley, A. (1981) 'Interviewing women: a contradiction in terms', in H. Roberts (ed.), *Doing Feminist Research*. London: Routledge.

这个讨论"教科书"式访谈局限性的经典章节完成于实证主义和后实证主义研究范式被奉为圭臬的时代。

www.youtube.com/watch?v=KxMIsfTSJ-w.

在这段视频剪辑中,几位研究人员通过其虚拟化身讨论了他们在 Second Life 这一虚拟空间中进行质性访谈的经历。

第7章 焦点小组和小组访谈

本章内容

- 小组访谈
  - 小组动力
- 焦点小组
  - 焦点小组是什么样的
  - 焦点小组的构成
  - 焦点小组的数量
  - 招募——为你的焦点小组找到合适的参与者
  - 设计主持人提纲
  - 主持人的角色
  - 在线焦点小组
  - 优势
  - 何时采用焦点小组
- 结语
- 阅读延伸

第 7 章　焦点小组和小组访谈

虽然焦点小组和小组访谈的概念经常被混用，但从分析层面上来讲焦点小组与小组访谈是截然不同的。小组访谈的结构重心在于向参与者提问，而焦点小组则是围绕研究者感兴趣的话题引导展开的一场讨论。需要说明的是，在实践中二者的差异可能只是程度上的不同——小组访谈中可以进行讨论，而焦点小组也可以包括对参与者的提问。不过，到本章结束时，你会对二者的区别形成更为清楚的认识。我们将从讨论小组访谈开始，考虑到前文关于访谈的章节中很多内容都与小组访谈有关，因此我们把本章的重点放在焦点小组之上，因为它具有更多的独特性。

小组访谈

小组访谈可以通过多种方式进行：可以向一组研究参与者提出一组问题，也可以由参与者轮流回答一组问题，或者合并使用这两种方法。通常被访者是互相认识的，将他们聚集在一起采访的理由既可以是研究的便利，也可以是研究方法的需要。

在某些情况下一次访谈一群人会更加方便，尤其是当访谈比较短小和结构化并且受访者都在同一地点工作或学习时。在这种情况下，小组访谈的好处是无须安排多次单独的会面——访谈一组人相比单独访谈每个人而言耗时更少。当然，缺点是访谈者通常需要保持对所有人的关注，难以去细究某个参与者的回答。此外，受访谈主题和受访者相互关系的影响，他们中的一些人可能会因为小组中其他人的在场和回应而调整自己的回答。然而，小组访谈的这种"劣势"被证明也可能成为一种优势，如果研究人员对观察小组动力（group dynamics）怀有兴趣的话。在特定主题下，被访者如何互动和发生联系可能会为研究者提供有关这一过程的有用信息。

小组动力

以下例子说明了小组访谈作为一种方法的基本原理。维维恩·沃勒

(Waller, 2001) 在对家庭使用互联网的早期研究中，对于这一问题相关的家庭动力学特征有着浓厚的研究兴趣（要理解这个例子，你需要对这项工作的时代背景有所了解，那时使用互联网会占用电话线路，并且移动电话尚未问世）。为了研究家庭互联网使用引起的家庭动力反应，沃勒首先对每个参与家庭进行了采访。她把家庭成员召集在一起，使用了半结构化访谈，访谈时间大约持续了45分钟。在这些访谈中，她试图通过询问家庭的典型日常、成员的主要兴趣以及家庭活动等问题来评估家庭的总体环境。她还询问了他们对于技术的态度和有关技术所有权的问题，首次连接互联网的方式、时间和原因，家庭使用的规则，使用的类型和水平、能力和兴趣，对于家庭的影响，通过互联网发展或维系的友谊，以及家人对互联网各个方面（例如聊天室、电子邮件、主页和万维网）的一般看法和经验。

可以说在家庭访谈中，其他家庭成员的在场能够防止任何个体成员错误表述他们的家庭活动（Morley, 1988: 33）。此外，不出预料的是，沃勒发现一些家庭成员在个人访谈中对某些隐私议题的陈述与他们在家庭访谈中的说法有所不同（见专栏 7.1）。

专栏 7.1

关于家人在场如何影响被访者表现的一个例子

琳恩（Lyn）今年42岁，与丈夫安迪（Andy）育有两个女儿。在有其他家庭成员在场的小组访谈中，她是这样说的："我很害怕电脑。安迪是唯一知道密码的人。如果断网了，他就会有戒断反应（笑）。我真的没有机会使用它。我下班回家做晚饭的时候，安迪会坐下来打开电脑。是的，他曾经在那里待到凌晨两点。我半夜醒来发现他仍然坐在那儿。他确实花了很多时间在上面，但是我们知道在需要他的时候可以在哪里找到他。我用一个盘子装上他的晚餐放到那里，这样可以方便他喝茶。不过，我们不会因为这些事情感到有压力，在这个方面我们非常随意。是的，我不会为此感到有压力。但是我认为这令人无比

第 7 章 焦点小组和小组访谈

着迷，哪怕只是想到所有这些信息。安迪看到什么会说出来，你知道。他知道我会感兴趣的，就会喊我去看，和我说快来看看这个，然后看完后我们又开始浏览其他的东西。"

让我们来对比一下上述话语与琳恩在个人采访中所说的内容：

"我真的很想了解有关互联网的更多信息。我的邻居是一名学校老师，她真的非常沉迷其中……我很羡慕她，你知道。安迪不会教我使用电脑。他对于当老师非常不耐烦。就像我所说的……我对自己没有信心，可能到最后我会认为我真的做不到。你知道，我很笨的，哦，我真的做不到。去上一门课，好吧，我不知道这会花多少钱。我会在心里惦记这个事情，喂，这个月的花费我能负担得起吗？不，我要先把它放下，给女儿买些衣服，或许我会以后再来做这件事。但你知道可能我永远也不会做。我想我可以从安迪那里获得互联网的二手信息……如果网络断了，安迪就会发疯。我们不得不接入第二条电话线，因为这确实非常糟糕，因为安迪已经迷上了它。他上网十分频繁，家人和朋友常抱怨说他们有时两三个小时都无法联系上我们。那个……我以前对安迪非常生气，其他人也常常不爽，因为他们打不通电话，孩子们的朋友打不进来，所以最后我只好打电话给他们说'我们很快就会安装第二条电话线'，才使情况缓解了许多。但是我们在大约两年半的时间里都没有安装它。在第二条线路开通之前，我非常非常，哦，我真是无比郁闷。大家无法与我们联系，他们一直在说如果发生紧急情况，我们都联系不到你，电话是不是有问题。因为这件事我感到自己被疏远了。我们几乎已经被电脑接管了，它在一段时间里操控了我们的生活，但……其余的我倒并不担心。"

资料来源：Waller, 2001: 42.

如前所述，矛盾或冲突的资料不一定表示这些资料有问题。沃勒通过对相关情形的解读，对这些矛盾有了更深的认识（见专栏 7.2）。她的解读可能很好地契合了琳恩的自我认知，但不一定是琳恩愿意在个人或小组访谈中向访谈员透露的解释。

> **专栏 7.2**
>
> **研究者对资料不一致的解释**
>
> 这是沃勒对当时的情形所做的解释：
>
> "安迪一直在上网，使得其他人都打不进来电话，琳恩对此感到无法忍受。她感到如此孤单——她知道有些东西不得不放弃——安迪从未与她交谈过，更不用说她的朋友们无法和她联系了，这对她来说太糟糕了。在安装了第二条电话线后，情况似乎更加可控一些。然后她决定，她如果要和安迪待在一起，就需要改变自己对待互联网的方式。现在，她使用网络帮助他们保持亲密关系。她让自己始终对安迪所做的事情保持兴趣，当他想要向她展示关于网络的东西时，要让自己给予回应。
>
> "琳恩并不真正了解安迪在网上所做的事情。每天晚上他都独自一人待在那里，直到深夜。她没有更多的精力来关心他到底在那儿做些什么。她不想失去他。只要她能够一直抱有对自己独立性和与丈夫良好关系的幻想，她就能够应付得了当前的状况。"
>
> 资料来源：Waller, 2001：43.

这个例子强调了人们访谈回答的复杂性，从而提醒我们被访者对问题的回应总是发生于包含了被访者与所有在场者关系的特定背景之下。

需要承认的是，此类小组访谈的另一个局限在于研究人员无法知道访谈者的在场是否以及在多大程度上影响了小组的互动方式。

焦点小组

焦点小组与小组访谈有很大的不同。焦点小组经常被使用在市场研究中，用于检验人们对广告活动（包括选举活动）以及产品的态度（包括好莱坞电影的结局设计）。与此同时，焦点小组也是社会研究的主要工具。

第 7 章 焦点小组和小组访谈

在探查人们的态度和经验、观察人的自然反应以及深入了解亚文化等方面，焦点小组更是大有作为。它也适合于探索性研究，当研究者不清楚他们关心的主题可能存在哪些具体议题时可以采用这种方法来进行初步探索。

焦点小组可以完全是围绕特定主题的讨论，也可以由主持人借助一些"道具"来引导参与者聚焦于特定主题。例如，参与者可能会看一些视频、图片或物品，或者需要玩一个"游戏"。因为构成焦点小组的内容是讨论而不是一系列问题，所以参与者被鼓励互相给予回应。因此，尽管开展小组访谈的研究者可能对小组动力并不感兴趣，但小组成员之间的互动却是焦点小组成功的关键。焦点小组参加者不仅会回答主持人提出的问题，而且会彼此之间以及对整个团体动力做出回应。每个焦点小组的动力学模式都是独特的。正如赫西-比伯和利维（Hesse-Biber and Leavy, 2011）描述的那样，在焦点小组中所发生的事是无法被复制的。

焦点小组是什么样的

一个典型的焦点小组有六到八名参与者，持续一个半小时。少于六个人很难达成良好的讨论，而当焦点小组超过八个人时每个成员参与讨论的机会就会显著减少。场地必须是参与者容易进入的地方，环境设置应尽可能地非正式、放松和没有干扰。参与者可以坐在舒适的沙发上，沙发以圆形或围着桌子摆放。理想情况下桌子是椭圆形或圆形的，没有人坐在桌子的首位。通常会提供一些食品和饮料以使参与者感到更加放松，许多市场研究公司还会额外提供酒精饮料。焦点小组通常在专门的房间里进行，其中一面墙由单向镜构成，而负责焦点小组的公司或研究团队的成员就坐在单向镜的后面。

如果主题敏感度允许，对焦点小组进行录像会很有帮助，因为单从音频中可能很难辨别谁说了什么。把摄像机三脚架放在房间的一端，镜头对准主持人，这样录像就不会显得过于突兀。如果没有条件进行录像或是感到录像的侵入意味太浓，一个可行的方案是安排一位记录员来记录参与者的非语言反应，例如他们的面部表情、点头和肢体语言。主持人全程都不应去做笔记，因为这样做很可能会打断讨论，而良好的讨论是焦点小组成功的关键。因此，焦点小组几乎总是以参与者的语言进行的。

焦点小组的构成

在确定小组的成员构成时，要兼顾伦理和实践需要以及研究的主题。

通常，研究人员会主持几个焦点小组，每个小组都由具有某种共同特征的参与者构成。举例来说，有学者想组织焦点小组讨论关于教养行为的态度，该学者如果对种族与教养态度的关系感兴趣，就可能会组织多个焦点小组，每个小组都由相同种族背景的人组成。他如果对性别与教养态度的关系感兴趣，则可能会将单身母亲、单身父亲、异性夫妻中的母亲、异性夫妻中的父亲、男同性恋父亲、女同性恋母亲和无子女的人分别纳入不同的小组。焦点小组的分析通常在整个小组的层面上完成。这意味着研究人员可以进行组间的比较，例如对单身母亲的母职信心与单身父亲的父职信心进行比较等等。

正如我们在第 2 章中讨论的那样，在后实证主义研究中建立一个允许研究参与者自由发言的环境尤为重要。这意味着他们需要彼此适应，而由具有共同特征（例如相似背景或相同年龄段）的人组成的小组更可能实现这一点。同样在第 2 章中我们对后实证主义研究者与批判主义研究者进行了对比，后者故意将青少年男女组合在一个焦点小组中讨论肥胖问题。在这一混合性别的小组中，观察男孩和女孩如何围绕肥胖问题互动能够令批判主义研究者捕捉到不同个体关于肥胖认知的差异。

需要谨记在心的一个首要原则是焦点小组的组合安排必须以尊重参与者为前提，避免引起他们的不适或反感。因此，举例来说你如果要组织有关种族主义经历的小组，那么把具有相同种族身份的人安排在同一小组中可能会更加体现出对参加者的尊重。另外也请注意当敏感主题的焦点小组由互不相识的参与者组成时最好使用化名，因为这会为参与者提供一些匿名保护。

如果焦点小组聚集的是有相同兴趣的人或者同属一个小型亚文化的成员，那么这些参与者很有可能会彼此认识。这并不是问题，有一些研究者

第 7 章 焦点小组和小组访谈

会刻意选择由同事、俱乐部或友谊小组成员来组成焦点小组。这类小组对观察特定世界观的形成和维护尤其有帮助（通过语言的使用）。

焦点小组的数量

理想情况下研究者会持续开展焦点小组讨论直至达到饱和为止，也就是说直到他们发现不了任何新的东西为止（Glaser and Strauss，1967）。在实践中经验法则是尝试对每种类型的群体组织两次焦点小组，就上述例子而言即两组单身母亲、两组单身父亲、两组异性婚姻中的母亲……

招募——为你的焦点小组找到合适的参与者

如何为焦点小组招募参与者将取决于研究主题是什么以及需要什么类型的参与者。你如果想招募从属于特定亚文化的人，那么在合适的地点张贴通知可能是招募这些人最简单的方法。例如，你如果想围绕滑板手看待该项运动的态度开展焦点小组讨论，那么可以在本地的滑板公园、滑板店、相关网站以及滑板手常去的咖啡馆发布通知。该方法可以与滚雪球方法结合使用，询问与你联系的那些人是否知道其他有可能愿意参与的人。

如果以上方法都无助于你找到想要招募的小组成员，那么你可能要退而采取随机电话筛选的办法。该方法主要是随机拨打一些电话号码，并向对方询问一些筛选性问题，以检验他们是否符合焦点小组设定的标准。虽然电话筛选可以有效地招募到难以通过其他方式找到的参与者，但这是一种成本高昂的招募形式。

通常，你应该扩大每个小组的招募人数。根据经验每组要组织十名参与者，因为可能不会每个人都来参加。因此，最好招募那些至少可能对该主题感兴趣的人。

一些研究人员会为参与者提供报酬或奖励，通常称为"激励"。现金酬劳从 40 美元到几百美元不等，而诸如音乐会或电影代金券之类的奖励花费相对较少，通常用于由学生或年轻人构成的焦点小组。相比之下医学专家焦点小组的每个参加者会获得几百美元的报酬，部分是为了补偿他们因时间花费造成的收入损失，部分是为了吸引他们参与。研究弱势群体的社会学家也常常会给他们的参与者较高的报酬以表示尊重，同时也是对他们时间价值的承认，即使这些时间在市场上未必能够换来不错的收入。

设计主持人提纲

"主持人"而不是"访谈者"一词反映了一个事实，即焦点小组的负责人正在"主持"讨论，而不仅仅是问问题。即便如此，主持人仍需要花时间来设计主持人提纲。他们需要找到最合适的方法来介绍讨论的话题或要点，以及引导参与者更好地进入话题。相应的，制定主持人提纲的过程就分为两个阶段。首先，研究者确定他们希望在焦点小组中讨论的议题。其次，研究者或主持人（如果非同一人）确定如何在焦点小组中以最佳的方式来进入这些议题。

焦点小组通常会从一项活动开始，该活动主要是作为破冰和进入主题的一种方式，而非抛出一些要求参加者分析的东西。例如，讨论关于艾滋病态度的焦点小组可以从参与者的自我介绍开始，然后请他们说出在提到艾滋病时想到的三件事。

维维恩·沃勒参与了十年级学生关于他们如何看待从事药学专业工作的焦点小组讨论。讨论的问题之一是学生对药剂师和药学专业的看法以及相关知识。主持人本可以直接问学生他们对药剂师的工作了解多少，对药学职业有何看法。但是，为了更充分地吸引学生，他们采取了更富想象力的方法。主持人提纲的有关摘要参见专栏7.3。

专栏7.3

主持人提纲示例：关于十年级学生如何看待从事药学专业工作的焦点小组

展示一组照片（包含不同年龄和性别的人）并询问其中哪个是老师，哪个是律师，哪个是计算机程序员，哪个是药剂师（讨论选择药剂师的原因）。

> 有没有人想过——我愿意成为一名药剂师？〔原因？〕
>
> 有没有人想过——我真的不愿意当药剂师？〔原因？〕
>
> 药剂师〔在白板上写下该词。〕
>
> 药剂师角色扮演："每个人都想象自己当了一天的药剂师"（留几分钟时间），然后选择一些学生来告诉大家他们今天在药房工作的情况如何。要求其他学生评估这样的一天成为药剂师生涯中典型一天的可能性。

主持人的角色

焦点小组主持人介绍主题并推动讨论，鼓励小组成员进行互动。主持人必须能够兼具激发讨论和控制小组的能力。这意味着他们必须思维敏捷且灵活，使讨论聚焦于主题，同时又不会抑制或妨碍讨论进程。通常主持人要保证所有小组成员都有发言的机会，防止任何人独占主导地位。

在市场研究中主持人倾向于严格控制小组，保证客户所感兴趣的问题都能被覆盖到而且每个参加者都有所发言。在社会研究中相较于严格按照讨论的问题或要点来控制小组的方式而言，研究者对小组的发展方向以及小组认为重要的话题更感兴趣。在某些情况下，甚至一两个参与者主导小组的现象也可能构成研究人员有兴趣观察而非试图控制的小组动力。这意味着在社会研究中主持人的角色更少带有控制性的色彩，而更多发挥引导澄清的作用。

在鼓励讨论和控制讨论之间取得理想平衡的原则与访谈部分所阐述的原则是相同的。但是，当力量的天平向参与者主导的方向倾斜得厉害时，后果可能会更加严重。在极端情况下当主持人对小组的走向丧失控制时，参与者可能会"联合起来"对付主持人。威尔金森（Wilkinson，1998）列举了一些相关例子，其中包括女性主持人遭到小组成员性骚扰的事件，而这种情况在个别访谈中是不会发生的。

小组成员还可能会恐吓、欺凌或不尊重其他成员。也许主持人可以借助其他组员的力量来应对这种情况，但是正如威尔金森指出的那样，"小组参与者能够有效协作或串通，以恐吓和/或压制某个成员，或者在某个话题上保持沉默，这些方式都不可能出现在一对一的个人访谈之中"（Wilkinson，1998：116）。如果主持人发觉某些参与者可能对其他焦点小组成员的行为或观点感到不舒服却无法发表意见，必要时应为这些参与者提供私下评论或陈述的机会。

研究人员可以主持焦点小组但并非必需，而且许多优秀的研究人员都没有主持焦点小组的技能。如果没有亲自主持，那么研究者可以通过单向镜观察焦点小组，或者依靠小组记录来了解情况。

在线焦点小组

开展面对面的焦点小组花费很高，并且确定一个所有参与者都方便的时间和地点可能也并不容易。此外，有些人——尤其是年轻人——可能没有足够的信心在陌生的地方与陌生人会面（Fox et al.，2013）。随着新的互联网技术的出现，研究人员一直在尝试使用在线焦点小组。与在线访谈一样，"在线焦点小组"一词涵盖了多种沟通方式：基于诸如聊天室和沉浸式虚拟环境这类技术的视像、音频和文本，或这些方式的任意组合。在线焦点小组讨论面临的许多问题与在线访谈面临的问题是相同的。特别是当焦点小组以在线方式开展时，主持人将不得不更加努力地保持小组的兴趣。因此，在线焦点小组仅适用于参与者可能会感兴趣的主题。这一形式的小组特别有助于研究与医疗相关的经验，因为参与者可能很在意匿名性，同时也能够在与其他有类似经验的人交流时受益。遭遇相似困境的人所组成的在线焦点小组有一个特点，即强烈的团体认同。例如，福克斯等使用实时纯文本焦点小组研究"慢性皮肤病年轻患者在外形方面的主要关注"（Fox et al.，2013：320）。参加者说相比面对面交流，他们在线上交流中感到更加自信。

德博拉·登普西与性工作者的顾客进行了在线焦点小组讨论，研究性工作者行业中的非法交易问题。登普西通过一个著名的性工作者论坛找到了这些人。焦点小组是通过网站上的实时聊天工具进行的，这意味着研究人员不必知道参与者是谁，而参与者也并不知道彼此的身份。

实时纯文本焦点小组非常具有挑战性：在一场可谓是"快速、激烈和混乱"的讨论中（Tates et al.，2013），"尽管参与者有平等的机会做出回应和贡献，但最擅长打字的人有权表达最多的声音"（Fox et al.，2013：327）。随着参与讨论者人数的增长，参与者依次轮流发言就会使各种伴生问题相比单独访谈时成倍增加。没有视觉线索，讨论中的沉默就变得更加难以解释，主持人不得不去判断是否应该进行干预，是参与者在这个问题上无话可说还是应该留出更多的思考时间（Fox et al.，2013）。

在线焦点小组可以使用视频会议技术来实现视听通信。在小组中有些参与者在摄像头前可能会比较腼腆，尽管研究人员发现一旦焦点小组讨论进行得如火如荼这种对媒体的不适感就会消失（Fielding，2013）。

与在线访谈一样，在线焦点小组未必需要实时进行。异步在线焦点小组通常使用讨论板之类的技术进行操作，在指定的时间段内参与者可以发表评论并在方便的时候回复他人的帖子。尽管我们在文献中将其称为焦点小组，但这些在线讨论是否真正属于焦点小组仍有待商榷。正如福克斯（Fox et al.，2013）所说，研究者失去了实时焦点小组中产生的自然和即时的情感反应。但是很明显，当参与者对讨论话题充满热情而又想匿名参加时这种研究方法的优势就凸显出来。例如，斯图尔特和威廉姆斯（Stewart and Williams，2013）讨论了使用这种异步在线焦点小组调查炎症性肠病患者就业经历的研究。57个人通过一组跟帖讨论了多个相关主题，研究者几乎不需给予指导，而是借此机会观察了高度的认同感如何在这个群体中形成和发展。

塔兹等（Tates et al.，2013）组织了一个类似的小组，邀请了正在积极接受小儿癌症治疗的儿童和青少年，他们的父母以及患过这种癌症的年轻幸存者。该小组持续了一周的时间，研究人员每天发布一个讨论主题并向未参加讨论的人发送提醒。参与者可以就他们认为与研究相关的任何主题开启新的讨论帖。研究者发现这种方法最适合青少年，青少年患者和幸存者能够通过发布帖子直接回应彼此的发言。相比之下，儿童和家长则倾向于直接回答主持人，而不是参与讨论。无论讨论的程度如何，评估表明在线环境提供的匿名性意味着参与者可以提出在面对面小组中难以表达的敏感议题（Tates et al., 2013）。

优势

尽管焦点小组的声誉在某种程度上为那些使用"粗制滥造"的方法在几天内完成研究的人所玷污，但是焦点小组确实具有某些独特的优势。

在一个焦点小组中有可能观察到参与者互动、讨论、辩论和争执，或可能达成共识的过程。当焦点小组的成员全部来自具有相同人口学或亚文化背景的人员时研究者可以获得深入了解这种亚文化的机会，这在个人访谈或观察中是不太可能实现的。研究者可以观察参与者使用的语言，他们分享的笑话，共同的理解水平和分歧类型，以及对观点的自然反应。主持人也可以中途插话来澄清所有这些问题。例如，开展与某种亚文化相关的焦点小组（例如注射吸毒者）将使研究人员有机会学习一种全新的语言，并获知一些在注射吸毒者的日常经历中富有意义的概念，如警察怎样对待他们。焦点小组还可以发现围绕某一话题的群体规范，包括特定情境下小组的定义。

焦点小组对参与者来说通常是一种愉快的体验，尤其是当他们有机会与他人探讨自己感兴趣的话题时。焦点小组也常被成功地用于讨论极其敏感的话题，因为参与者可能会发现小组中的其他人出于相似的经历或真正的理解而能够给予自己支持。例如，沃勒招募了一组正接受药物或酒精成瘾康复治疗的人，开展了一个关于成瘾转折点的焦点小组。尽管每个参与者都有各自独特的经历，但他们都同样拥有一段成瘾的过往。这意味着他们可以自由谈论与成瘾有关的敏感问题，而不必担心会受到小组中其他人的评判。甚至可以说，焦点小组的环境是一种支持的环境。此外，焦点小组制造的压力感要比个人访谈小，因为聚焦点并不总是落在一个参与者身上。每个小组成员都可以在某些时候退居台后，静闻他人发言。

焦点小组的环境要比个人访谈更能够激发受访者深入思考自己的观点，使讨论主题得到更充分的探讨。想象一下，你正在与几位年轻男性进行关于身体形象的焦点小组讨论。在一位参加者说保持身材会让自己倍感压力之后其他人马上做出回应，可能还会加上他们自己或正面或反面的例子。在焦点小组中参与者错误理解主持人意思的可能性也降低了，因为其他成员可能会发现问题并给予提醒。正如威尔金森（Wilkinson，1998）所指出的那样，相比主持人而言焦点小组参与者常常会用更为直接的方式挑战其他参与者的发言或指出矛盾所在。

焦点小组也是一种让边缘群体发声的好办法。一些平常缺乏意见表达机会的人（例如无家可归者）可能会发现焦点小组为他们提供了一种没有威胁的方式使其在一些自身攸关的重要问题上表达看法和感受。与访谈一样，对于参加者而言焦点小组可能是一次深刻的体验，他们意识到在一些经历上他们并不孤单。

焦点小组产生的资料（尤其是视频记录）非常丰富和详细。尽管这无疑是一种优势，但正确分析这么多数据可能比较困难。这使我们不得不面对焦点小组所蕴含的特殊挑战。正如我们在讨论主持人角色时所看到的那样，焦点小组的成功将在很大程度上取决于主持人的技巧。他们需要充分引导和挖掘，以确保讨论能够达到研究需要的深度。主持人还需要保证小组不会失控，并且不会为一两个人所支配。无论主持人的技巧如何，焦点小组都存在一些固有的弱点。在群体背景下，参与者可能很难表达不同于小组其他成员的观点。因此，研究者可能会对组内意见的一致性程度形成错误的印象。此外，小组参与者的观点也许并不能代表整个研究对象群体的全部看法。最后，焦点小组、小组访谈都与访谈一样存在一个局限，即个体对自身及行为的描述未必与其真实表现相符。

何时采用焦点小组

焦点小组尤其适合于那些受批判主义和建构主义价值观引领的研究。

为使参与者专注于某个主题，我们可以将焦点小组作为一项干预来实施。该主题可能是与参与者相关，但以往没有被思考过的主题。参与焦点小组活动可以帮助他们探究和辨明自己的观点，或者重新审视自己的行为。例如，想象你正在参加一个焦点小组，讨论为什么要吃自制食品。你坐在那里聆听其他人陈述的原因，有一些是你以前从未想过的。当其他几位参加者讨论为什么他们只吃散养鸡蛋时，你开始为他们的论点所吸引并决心从此刻起只吃散养鸡蛋。焦点小组的这一特点使其特别为追求创造积极变化的批判主义研究者所青睐。

焦点小组对于厘清概念并讨论其含义特别有用。例如，想要了解在不同的人眼中一位好老师应该具有哪些品质，焦点小组将会是一种合适的方法。请留意这个问题的表述方式体现了一种建构主义的理解，即现实是局部的和具体的，而不存在关于什么才是好老师的普遍现实。

在焦点小组中，参与者可以使用自己的语言和框架而不是访谈者的语言来讨论问题。这使研究者得以观察到特定群体如何通过他们的语言和框架积极构建他们关于世界的认识。例如，在与大学教师讨论课堂记录技术的焦点小组中，参加者讨论了他们关于课堂教学目的为何的想法。到小组结束时与会者已经达成了共识，即授课的目的不在于传递信息，而是将学生召集在一起并激发他们对该门学科的热情。如此而言，焦点小组特别适合于持建构主义立场的学者观察人们如何达成对世界的共同理解。

结语

到目前为止，焦点小组和小组访谈在工作重心和实施方式上的区别应已阐明。小组访谈基本上是对一个以上被访者的访谈。与之不同，焦点小组是一种独特的方法，在其实践中主持人引导讨论取代了访谈员询问问题的做法。

阅读延伸

Adato, M., Lund, F. and Mhlongo, P. (2007) 'Methodological innovations in research on the dynamics of poverty: a longitudinal study in KwaZulu-Natal, South Africa', *World Development*, 35 (2): 247–263.

这篇文章如实记述了如何使用家庭小组访谈来扩展一项关于南非贫困动态的定量纵向研究。

Boydell, N., Fergie, G., McDaid, L. and Hilton, S. (2014) 'Avoiding pitfalls and realising opportunities: reflecting on issues of sampling and recruitment for online focus groups', *International Journal of Qualitative Methods*, 13 (1): 206-223.

作者描述了他们尝试进行在线焦点小组访谈的失败经历，并对在线焦点小组的人员抽样和招募问题进行了深入的讨论。

Krueger, R. and Casey, M. (2009) *Focus Groups: A Practical Guide for Applied Research*. Thousand Oaks, CA: Sage.

这本书内容全面，为焦点小组实务提供了详细指南。

Turney, L. and Pocknee, C. (2004) 'Virtual focus groups: new technologies, new opportunities, new learning environments', in R. Atkinson, C. McBeath, D. Jonas-Dwyer and R. Phillips (eds), *Beyond the Comfort Zone: Proceedings of the 21st ASCILITE Conference*, Perth, 5-8 December, pp. 905-912. Available at www.ascilite.org.au/conferences/perth04/procs/turney.html.

特尼（Turney）和保克尼（Pocknee）在该文中认为，在线论坛的讨论组应被视为真正的焦点小组。

Warr, D. J. (2005) '"It was fun… but we don't usually talk about these things": analyzing sociable interaction in focus groups', *Qualitative Inquiry*, 11 (2): 200-225.

这篇关于焦点小组参与者互动的文章包含了许多小组对话摘录，完美地说明了这些互动对研究的价值。

研究实施：观察

第8章

观察人

> **本章内容**
>
> - 定义
> - 研究问题的类型
> - 进入
> - 研究身份披露和其他伦理问题
> - 收集资料
> - 结语
> - 阅读延伸

观察本质上是指观看或察看。观察是一项重要的质性研究技术,可以指对事物、文本和/或人物进行观察和分析。通过观察取得的资料不同于访谈资料,它可以单独使用或与其他方法结合使用。我们可能会将观察作为一项独立的手段来发现特定背景下发生的事情。例如,人们在接受访谈时可能会说他们是怎么样使用公园的,例如放松身心。而通过观察公园,我们就可以看到人们实际上在公园做些什么。

在本章中,我们将探讨观察这种质性研究方法。我们将使用"观察研究"一词来指代包括参与观察（participant observation）和非参与观察（nonparticipant observation）两种类型的观察法，仅在涉及二者差异的时候做具体区分。观察研究对于探索特定社会背景下正在发生的事情非常有用。访谈研究可以从人们的叙述中获知他们的行为，而观察研究与之不同，它可以发现人们实际上在做什么，如何做的，以及行为是怎样被规范塑造的。例如，教师可能会说他们在大部分的课堂时间里都站在讲台前讲授知识，而教室中的观察者可能会看到实际上他们自始至终都在通过提问来带动学生参与课堂。在下面几节中我们会对参与观察和非参与观察进行定义，讨论研究范式与研究问题之间的关系，然后概述有关进入研究地点和披露研究身份的问题。本章最后，我们会讨论收集观察资料的策略。

定义

顾名思义，参与观察的含义是观察一群人的同时也参与他们所做的事情。在参与观察中研究者参加与其研究主题相关的活动，以便获得观察这些活动的内部视角。研究者需要花时间沉浸在他们的观察现场。在他们参与活动的同时还要观察事情如何发展运行，并记录观察结果。例如，为了了解学生的课堂体验，研究人员可以像学生一样进入课堂并参加课堂活动。

非参与者观察是指研究人员仅做观察但不介入相关的活动。例如，斯考滕和麦克亚历山大在他们关于摩托车手亚文化的研究（Schouten and McAlexander, 1995）中，首先对摩托车手参与的事件进行观察，检视人们对该群体所持有的刻板印象，同时了解他们安全进入亚文化圈的方式。这些关于公共活动的观察使研究者对摩托车手文化有了初步的了解，使他们能够进一步识别访谈对象和进行更深入的研究。在这个例子中，非参与观察是一项大型研究的组成部分。

我们可以把观察研究的范围想象成光谱，一端是参与研究者完全嵌入研究现场，另一端是纯粹的观察研究者隐藏于研究现场，介于两端之间的观察研究则有着不同程度的参与水平。将观察研究视为完全参与和完全观察之间的频谱，使我们能够创造性地设计符合我们需求的研究。这意味着我们不需要将研究限定在某个具体类别之中。戈尔德（Gold，1958）使用了四个类别（这些类别已被视作理想类型）描述了这个范围，即完全参与者、作为观察者的参与者、作为参与者的观察者以及完全观察者。完全参与者是完全融入现场的研究者。由于这种深度的参与，完全参与者可以对所在环境的各个方面获得全面的了解。戈尔德认为，"角色伪装"（role-pretense）是成为完全参与者的重要因素："完全参与者意识到，他，并且仅有他知道自己实际上并不是他假装成为的那个人。"（Gold，1958：219）在这一概念中完全参与者作为研究者的身份必然要被隐藏，然而这一点却通常不为现今的伦理规范所接受（警察的秘密工作可能是一个例外，它可以被看作完全参与观察的一种类型，但不被视为社会研究的一种形式）。

作为观察者的参与者所做的事情与完全参与者相似，如今我们使用参与观察者的概念来指代这一类型。作为观察者的参与者区别于完全参与者的地方主要在于他不是隐秘的。一个例子是维维恩·沃勒在一家医院做的研究，她在医院担任病房管理员，登记接收日间治疗病人（Waller et al.，2006）。通过承担这一角色，她得以从病房管理员的第一视角来理解在医院从事这一工作的感受。沃勒获得了实际工作的亲身体验，也获得了对工作场所社会生活的深刻认识。此外，她还收获了医院工作人员和患者的信任，从而使通过后续访谈补充观察资料成为可能。

如戈尔德（Gold，1958）所描述，作为参与者的观察者比完全参与者或作为观察者的参与者更为正式。戈尔德（Gold，1958）将它形容为对观察与访谈的实施地所进行的一次拜访。实际上，我们并不将其描述为一种参与观察研究，因为在我们看来参与观察研究不会止步于一次拜访。但是，如果考虑介于作为观察者的参与者和完全观察者之间的某种方式我们可能会想到这样一种情形，即研究人员在很大程度上扮演着观察者的角色，但仍与某些参与者发生着互动。这方面的一个例子是沃勒所做的另一项研究，她陪同澳大利亚税务局的地方官员对汽车经销商进行了突击走访

(Waller，2007)。该研究的目的是评估突击走访，了解这项工作的制定和落实情况。她对税务官员的言语举止以及经销商的反应进行观察，但是在陪同他们走访的过程中她也与这些官员进行了互动，因此该研究并不完全是观察性的。

最后一个角色是完全观察者（Gold，1958），这就是我们所说的"非参与观察"。完全观察者不会与研究现场的参与者发生联系。他们或以公开的方式，或以隐蔽的方式观察，但他们不会与现场的人产生互动。像课堂研究那样，研究者坐在单向镜后进行观察就是完全观察者的一个例子。这类研究也可以在公共场所进行。

与研究的方式有关，参与观察可能会颇具挑战性，因为它牵涉到一系列的环节，包括进入研究地点，与在场的人建立关系，关注发生的事情并做好田野笔记，以及分析笔记并撰写研究发现。这对个人来说也可能构成一个挑战，因为要分析的资料是通过在研究地点所建立的关系取得的，无论在资料收集还是资料分析阶段这都是一个情感要求很高的过程，就像我们在第4章谈到的那样。卡林顿（Carrington，1999）在他关于同性家庭家务劳动的研究中发现了这一点。他在童年时期做家务的经历以及他自己的同性家庭所做的家务安排，塑造了他对家务劳动的原始理解。这些观念在他的实地调查中受到了挑战。他写道：

> 我的大部分调查都需要花费一周的时间，我计划和我要研究的家庭住在一起……我询问每个家庭如果我要在他们家中待上一个礼拜的话，他们会作何反应，最终我根据他们的接纳程度选择了一些家庭。除了最不排斥这种观察外，这些家庭没有什么特别的代表性。在不得已的情况下我还连哄带骗地请求其中的几个家庭来接受我的入住。（Carrington，1999：23）

与其他质性研究技术相比，参与观察是相对较难组织和实施的一种技术。但是，通过参与观察收集的资料可能会非常丰富，能够帮助你获得关于研究现场的有趣认识，这些是通过其他途径难以实现的。

非参与观察更容易组织，因为它不涉及与参与者的互动。像参与观察一样，它也是了解现实生活的好办法。然而，非参与观察不能为你提供身为现场一部分的那种体验。卡伦·法夸尔森（Marjoribanks et al., 2013）是 AuSud 媒体项目的非参与观察员（在专栏 8.1 中有更详细的描述）。在承担这一角色期间，她观察了面向一群在苏丹和南苏丹的墨尔本人开展的新闻专业培训活动。尽管她能够观察到正在进行的培训，但由于她没有参加培训，因此无法体验到接受培训的感受或培训在提升学员新闻技能方面的效果。

从更一般的层面上说，参与观察和非参与观察都可以提供其他方法无法提供的深刻理解："（研究者）有机会看到一些往往很容易从参与者和工作者的意识中溜走的事物或信息。"（Patton，1990：204）通过观察，你也许可以看到被内部人视为理所当然的事情。

研究问题的类型

研究范式将决定观察研究聚焦的问题类型。后实证主义研究的目标是尽可能客观地解释所发生的事情，批判主义研究旨在创造积极的变化，而建构主义者则关注互动是如何被社会性建构的。这三种范式都与观察法兼容，但是所采用的方法、观察到的事物和回答的问题则会有所不同。

有时一项研究可能会跨越多个研究范式。专栏 8.1 AuSud 媒体项目的例子凸显了研究范式对研究问题的决定性作用，以及同一项目如何使用相同的方法来回答类型迥异的问题。

专栏 8.1

范式与参与观察

法夸尔森是 AuSud 媒体项目的研究人员，该项目包括观察和参与观察两个部分。AuSud 项目是一个多管齐下的媒体干预措施，旨在使在

第8章 观察人

苏丹和南苏丹的澳大利亚人能够发展自己的媒体声音（Marjoribanks et al.，2013）。它首先为感兴趣的苏丹和南苏丹澳大利亚人提供新闻培训。在完成了多组培训之后干预工作转移到了新闻编辑室，每个星期在固定地点制作和讨论新闻故事。研究团队成员负责对正式的培训课程进行观察，当项目进入新闻制作阶段时研究团队的成员之一在其中充当参与观察员。

如果研究团队是从后实证主义的角度出发，那么他们的研究问题可能集中在参加培训者接收了哪些类型的信息以及编写了哪些类型的故事等方面。他们的研究可能探讨了新闻媒体与苏丹和南苏丹人如何互动，总结了在苏丹和南苏丹的澳大利亚人在媒体报道中采用的故事编写手法。研究可能还观察了该项目是否使苏丹和南苏丹澳大利亚人的新闻报道产生了变化以及如何变化。

如果研究团队立足于批判主义的观点，他们提出的问题可能更多与社会公正有关：培训项目的权力运行机制是怎样的？培训如何对参与者在他们与媒体的互动中赋能？该研究可能聚焦于24小时媒体周期如何影响新闻报道的内容以及反过来如何影响可能进入报道的苏丹澳大利亚人的故事？此外，他们可能期望研究的结果会改变权力关系：一旦揭秘了权力运行的机制，就可以改变它们。然后，这项研究将探索实现新闻媒体改变的可能途径，从而使他们转换对在苏丹和南苏丹的澳大利亚人的刻画方式。

倘若法夸尔森和团队一直秉持建构主义的理念开展研究，那么他们可能会专注于参与者的培训体验。研究可能集中在参与者的自我表达和故事创作以及他们在研究本身的建设上如何享有发言权等等议题之上。

所有这三种哲学方法都以对同一培训项目的观察为前提，但提出的研究问题和得到的研究结果将会大不相同。在批判主义和建构主义的方法中，研究团队可能会考虑自身作为非苏丹人参加新闻培训计划将如何影响培训本身的运行。确实，这里提出了一个问题，即结构上无法成为内部人士的研究者所获得的经验能够在多大程度上接近内部人的经验。

该项目的参与观察部分实际上利用了批判主义的方法。不可否认，媒体培训的目的是帮助在苏丹和南苏丹的澳大利亚人掌握新闻技能，以便他们可以通过自己的力量影响主流媒体对他们的形象刻画。

进入

为了实施观察研究，你通常需要获得进入现场的许可。从谁那里获得此项许可取决于研究的地点以及你希望观察或尝试理解的内容，也就是你的研究问题。进入研究现场可能是进行观察研究的一个常见障碍，因此你应该事先做好功课，确保能够向相关人士提供具有说服力的理由。

退一步来看，你的现场是什么？在相对封闭的环境中进行观察研究能够产生最佳的效果：一个社区（Small，2004），一个组织（Spaaij，2011），一个村庄或城镇（Ellis，2007），或者一处公共场所（Humphreys，1972）。举例来说，我们很难对一座城市进行观察研究，因为城市生活包含许多不同的方面，很难进行有意义的整合。选择的地点应当适合于研究的问题。例如，要研究癌症幸存者如何进行在线互动（Sharf，1997），就需要一个可被观察的网站。

一旦你选定了研究地点，就需要确定主要的把关人。如果它是一个公共场所例如公园或火车站，又或是4chan这样任何人都可以完全匿名地在讨论区发帖的网站（www.4chan.org），则可能没有正式的把关人。但是，大多数场所都有有权准予或拒绝进入的把关人。把关人对研究的态度取决于研究的主题、研究的委托人以及他们期望或担心的结果。

高级别的把关人可以授予他人进入该区域的权限，但是你仍然需要说服你将与之进行互动的内部人提供配合。例如，学校的校长可能同意你成为教室中的参与观察者,但是如果授课老师不同意你的研究就不可能进行。同样,公司的老板可能希望你对他们的某个项目进行评估。由于评估是受老板的委托,员工可能不得不服从,但他们也可能会感到受威胁或产生脆弱感,因此也许不那么情愿同你配合。类似的,在线上论坛中你可能会得到论坛所有者/主持人/领导者的许可,但这并不一定意味着论坛成员会欢迎你的到来。就这些方面而言,获得进入许可是一个政治过程。我们建议获得许可的最佳办法是使研究拥有扎实的理论依据并向各个把关人做出充分说明,以及强调任何可能使研究地点从中受益的方面。

在公共场所进行非参与观察通常不需要获得把关人的同意。例如,如果你要进行观察的地点是一个公园,则无须征得公园的管理或服务部门的同意。但是,如果你对公园进行持续的观察特别是长时间独自待在公园里做笔记,那么公园的使用者可能会对你有所质疑,因为你没有表现出正常的公园行为。我们建议如果发生这种情况,你应该披露自己作为研究人员的真实身份。

洛夫兰等建议"从你所在的地方开始"(Lofland and Lofland,1984:7-10)。这意味着研究你感兴趣并且有关联的主题。这会有利于你进入现场,因为你可能是一位"内部人士"并且已经与把关人建立了信任关系。这种做法的缺点是,你对于那些已经习以为常的规则也许会缺乏批判意识。而潜在的好处是对问题的理解深度可能是局外人难以达到的。对建构主义和批判主义范式来说一个不可或缺的组成部分就是反思性,即研究者所扮演的角色在研究场域的动力系统中产生了什么影响。反思有助于调和局内人或局外人身份引发的问题。

研究身份披露和其他伦理问题

为了保证参与观察研究合乎伦理规范尤其是尊重被研究者,研究人员必须披露自己的身份并且给予人们不参加研究的权力,假如被研究者做出了这样的选择。这对参与观察研究来说可能会构成一个问题，因为通常整个区域都是调查的对象，很难将特定个人排除在研究之外。当观察地点的人员不断变化时，也可能给研究带来挑战。应该每隔多久就向人们说明一次自己的研究者身份？通过在线平台进行参与观察时这个问题会尤其棘手，因为网络平台中人们的加入和退出可能是家常便饭。

关于参与观察员多久披露一次研究者身份，没有明确的规定可循。我们建议研究者应该慎之又慎，要让研究地点的人们知道他们自身是研究项目的一部分并且获得他们的同意。我们认为这是对被研究者的尊重。如果某个人选择不参加研究，则不应收集有关他的任何资料。但是他与其他人的互动信息又能否收集呢？关于这种情况，同样没有简单明了的规则。作为研究者，你应该结合所在地点以及研究问题来仔细考虑如何处理此类资料。把特定对象排除在外可能会改变研究结果。因此，重要的是你需要考虑采用其他方法来抵消这种影响。

对可辨识的具体人群进行研究的非参与观察者也需要向观察对象说明自己的身份，并获得进行观察的许可。例如，如果一位研究人员正在儿童保育中心通过单向镜观察一组儿童，那么他需要征得该中心和儿童父母的同意，因为低龄儿童还不具有自主同意的能力。在前面讨论的有关 AuSud 媒体项目的例子中，法夸尔森和研究团队在进行观察之前获得了该项目所有参与者的同意。在这些实例中，就获得观察对象的同意而言参与观察者和非参与观察者之间几乎没有什么区别。

对于在公共场所进行纯粹的观察性研究而言，知情同意问题带来的困扰较少。这是因为被观察者不太可能被辨识。我们如果不能看出被观察的人是谁，那么对他们的观察就不太可能造成伤害。如第 4 章中详细讨论的那样，在线互动的观察研究就是一个灰色区域。

关于是否需要在此类研究中获得参与者同意，学界依然争论不休。互联网研究者协会（the Association of Internet Researchers，AoIR）提供了关于研究者如何考虑该问题的指南（Markham and Buchanan，2012），但没有做出严格的规定。AoIR 没有试图去提供一套准则而是建议研究人员充分考虑互联网研究的背景，包括研究参与者被识别的可能性以及被识别而造成危害的可能性。他们还建议考虑研究的目标、使用的资料类型以及与资料使用相关的"伦理预期"（Markham and Buchanan，2012：9）。互联网搜索引擎未来将有可能识别出直接引用的文字，所以研究人员应预先考虑这对于他们引述对象的潜在影响。如第4章所述，你对此所持的立场取决于你将在线语言视为文本还是对话，还可能取决于你的研究采用了何种范式。

观察研究者通常担心他们的存在对研究地点的影响。这一顾虑可以用来说明隐蔽式研究的合理性（Patton，1990：210-213）。然而，能够支持隐蔽式研究比充分征得参与者同意的研究更为稳健的证据却比较有限。有许多逸事证据（anecdotal evidence）表明当研究人员在某个地点出现了一段时间后，他们的存在就变得不再那么显眼了。造成这种情况的部分原因是即使人们知道有研究人员在场，也很难持续稳定地改变自己的行为（Patton，1990）。

在参与观察资料的分析和报告中也需要考虑伦理问题。强调研究价值和诚信的研究伦理主张准确报告研究结果，但这可能与研究地点的政治逻辑以及研究者与当地人发展的信任关系背道而驰。报告参与观察研究发现的背后，可能是研究者花费数月之久与当地人及其社会关系进行的合作以及对相关知识的学习。当这些研究发现可能会对研究地点的人们产生负面影响时，研究者在准确报告研究结果方面应当承担什么样的责任？后实证主义者可能会坚持报告能够如实反映社会现实的研究结果。但是，如果这项研究是站在批判主义的立场之上追求以积极方式改变弱势群体社会条件的最终目标，而研究的发现却与这一目标相矛盾，又当如何呢？是否尽管如此研究者仍然负有报告研究结果的义务呢？这可能与研究不得造成伤害的观点相抵触。然而，报告研究发现也可能会揭示出关键性的问题促成将来这一方面的重要积极改变，即使眼下可能会使参与者陷入不利的境地。批判主义研究者可能会在这种情况下选择报告负面的结果。建构主义者则可能采取另一种视角，或许他们会与参与者一起协商如何对研究发现进行报告。

埃利斯对这些问题进行了反思，她回顾了曾经做过的一项民族志研究，这项研究的结果没有很好地被研究参与者接受（Ellis，2007）。她主张建立一种关系伦理学："关系伦理学承认并重视研究者与被研究者之间以及研究者与他们生活和工作的社区之间的相互尊重和联系。"（Ellis，2007：4）她建议研究人员应该在整个项目过程中时时关注被研究者是否依然保持参与的意愿。她还强烈建议研究人员鼓励被研究者阅读他们所撰写的内容。埃利斯的研究与建构主义的方法是一脉相承的，秉持后实证主义和批判主义价值观的研究者则可能会对此不以为然（尽管批判主义学者可能会支持这一方法对参与者的赋权）。

关系伦理学并不能解决由于研究结论的坦率直白甚至实际上具有的潜在危害所带来的种种问题，但是可以提供一些工具来帮助思考和应对。我们对这个问题的看法也将取决于我们的认识论定位和研究项目整体的目标。相比批判主义或建构主义的视角，后实证主义研究者可能会更少考虑研究给参与者带来的负面后果。这就是我们的认识论塑造我们伦理实践的方式。

最后要考虑的伦理问题是保密性。即使研究是在一个完全的公共场所进行的且研究人员并不知道参与者是谁，也可能涉及保密的问题。例如，可能某个人日复一日地在同一火车站的同一地点等待着什么。假如研究人员报告说有一个人每天早晨搓着手站在自动扶梯的下端，那么这个人是可以被识别出来的。

如果做出了保密的承诺，就应该坚守承诺。内部保密尤为不易，因为参与研究的人很可能互相认识。埃利斯在对一项研究结果进行报告时力图避免使读者辨识出其中的参与者（Ellis，2007），因此在报告中使用了化名。然而，这些人物身份很容易被内部人员识别出来，参与者们对埃利斯在文中关于他们的描写表达了不满。在之后的反思中埃利斯提到她应该更清楚地认识到研究与参与者的关系问题，并且应该更加重视内部保密问题（更多相关讨论，请参见第4章）。

收集资料

参与观察和观察研究的数据资料通常来自田野笔记，尽管有时也会使用视频记录。研究人员记录的观察内容通常有着很大的差异。关注的事项可能包括房间布局，环境描述，在场人员，人员类型，互动类型，活动的地点、时间和方式，活动的组织形式和组织者，研究人员的现场感受，以及其他可能与观察现场有关的内容。

一个观察项目可能需要一套预先制定的研究方案来保证研究活动的有序开展。观察方案/框架的结构化程度取决于研究所寻求的信息类型（即研究问题）以及观察人是谁。团队项目的观察方案可能比个人研究者的计划更为详细。这是因为大型项目要确保所有观察者能够捕捉到相同类型的信息，至少在观察到的内容中都要包含这些信息。例如，法夸尔森参加的一个研究项目需要观察初级体育俱乐部如何处理多元化问题。该项目主要基于建构主义范式，研究团队成员需要在不同的体育俱乐部进行参与观察。项目团队已经就此制定了一套观察方案提示每位观察员留心记录特定类型的信息，同时也鼓励观察员记录任何可能与项目有关的其他观察结果。

表 8.1 显示了在不同研究范式下，观察方案结构化程度的差异。请注意，此表与第 6 章中的表 6.1 相同。

表 8.1 观察方案的结构化程度

研究范式	实证/后实证主义	批判主义	建构主义
结构化	√		
半结构化		√	√

对于批判主义者和建构主义者而言观察方案可以相当开放，而后实证主义者可能会明确特定的观察内容。

在记录田野笔记时应该谨记在心的是，我们无法在任何给定的时间里注意到所有发生的事情。我们的注意力是选择性的，明确的研究问题和设计完善的观察方案将使资料收集工作更加有的放矢。例如，假设我们是生产力专家，正力图为某一工作场所寻找提高工作效率的良策，我们可能会注意到工人每次需要打印东西时必须花费五分钟时间走过一段走廊，并且每天他们花在走来走去上的时间达到一个小时之多。在参与观察中我们可能会使用打印机，并琢磨为什么打印机要放置在这么远的位置。也许是因为在另一个方向上与打印机相隔同样距离的人也经常使用它，也或者是更近的位置没有合适的空间。我们如果要研究同一个工作场所但意在了解员工的协作方式而不是追求提高效率，那么会注意到截然不同的事情，例如谁在和谁交谈，交谈的内容是什么。此外，研究的范式还将影响研究的目标和田野笔记的内容。

关于怎样记录田野笔记并不存在一套绝对正确的方法。正如克利福德所说："很难对田野笔记进行系统的描述，因为人们甚至无法精确地定义它。"（Clifford，1990：53）许多观察者会以日志或笔记的形式来记录他们的观察结果。一般的建议是参与观察者至少每天做一次记录，但不在现场进行记录。不过，关于现场记录的感觉是否良好可能取决于你观察的地点和观察的目的。如果你正在评估某项计划，那么相比实施探索性研究来说你可能更愿意公开地进行记录。

我们需要意识到田野笔记是对已观察内容的解释，这一点很重要。甚至可以说，它们是一种"书面的修辞建构"（written rhetorical constructions）（Clifford，1990：67）。研究者对他们记录的东西设定了很多边界和框架，因此这些并不是关于事件的中立性记录。即便使用了在非参与观察研究中并不鲜见的视频记录方法，这些记录在被研究者诠释和撰写的过程中都会有一些信息被关注而另一些则被忽略。除此以外，视频记录只能捕捉到摄影机镜头对准的内容，因而周围的环境自然被排除在了外面。

本章之前提出的问题在这里至关重要，即研究者显然不是和不能成为内部人的问题。在 AuSud 媒体项目中没有一个研究人员具有苏丹或南苏丹背景，因此没有人可以分享作为在苏丹或南苏丹的澳大利亚人的具体经验。当研究团队的一位成员进入新闻编辑室时，他并不像其他参与者那样是该项目的利益相关者，因为他没有苏丹或南苏丹的背景，也没有为这些社区编写故事。尽管他参与了新闻编辑室的大部分工作，但由于该项目设置只有苏丹和南苏丹的参与者才能成为利益相关者，因此他的参与被烙上了局外人的印记。这类参与观察不同于沃勒担任病房管理员的经历，因为就工作的内容而言她与其他病房管理员并无二致（Waller et al.，2006）。

那么一位参与观察者或观察者应该在现场待多久？与观察研究的其他

方面一样，这个问题的答案是富有争议的，也取决于研究问题和研究范式。答案之一是"直到获得令人信服的能够回答研究问题的答案"。当进行深度研究时，研究者可能会在研究地点工作一年或一年以上。而对于具体事项的简短评估，相对较短的时间已经足够。

结语

与其他质性研究技术一样，我们如何观察人在很大程度上取决于我们立足于什么研究范式之上。研究范式会塑造我们提出的问题、收集的资料类型、分析资料的方式以及如何使用这些资料来支持我们的结论。本章讨论了参与观察和非参与观察，但没有为观察研究提供明确的规则，除了或许是至关重要的一点，即作为研究者我们必须重视研究伦理问题。这是因为人们披露研究的方式、参与现场的程度以及观察研究的其他方面都不存在普适的标准，而且因研究范式的差异而有所不同。反思研究的价值与框架应该能够为我们考虑如何开展研究提供有益的启发。

阅读延伸

Angrosino, M. (2007) *Doing Ethnographic and Observational Research*. London: Sage.

该书包含了对观察研究的深入介绍。

Denzin, N. and Lincoln, Y. (eds) (1998) *Collecting and Interpreting Qualitative Materials*. Thousand Oaks, CA: Sage.

该书对质性研究进行了全面概述，包括访谈和观察研究。

Ellis, C. (2007) 'Telling secrets, revealing lives: relational ethics in research with intimate others', *Qualitative Inquiry*, 13: 3-29.

埃利斯在这里讨论了她在关于渔民的研究中涉及的伦理问题。这是一个著名的案例，在阅读了她的研究报告之后，她的研究参与者中很多人表示了不满。该文讨论了参与观察的伦理议题。

Gold，R. L. (1958) 'Roles in sociological field observations', *Social Forces*, 36: 217-223.

这是描述观察研究者角色类型的经典文章，区分了完全参与者、完全观察者、作为观察者的参与者和作为参与者的观察者四种角色。

Patton，M. Q. (1990) *Qualitative Evaluation and Research Methods*. Newbury Park, CA: Sage.

该书对质性研究方法做了精彩的论述，并在此基础上对观察研究的利弊进行了有趣的考察。

第9章

观察事物

> **本章内容**
>
> - 累积测量
>   - 数字痕迹
> - 耗损测量
> - 物理痕迹研究的优点
> - 物理痕迹研究的缺点
> - 分析物理痕迹
> - 结语
> - 阅读延伸

在上一章中,我们探讨了对人的观察研究。在本章中,我们将焦点转移到对事物的观察上。所谓"事物"是指人们在生活中留下的物件和其他痕迹。通过观察人们对环境的利用、制造的物品以及留下的痕迹,我们可以获得对社会的更多了解。像所有其他质性方法一样,我们理解物理痕迹的方式也是由支撑研究的范式塑造的。本章着重于对三维视觉对象的观察(文本和其他二维视觉对象将在第10章中进行讨论)。需要说明的是,在这里我们将使用术语"物理痕迹"（physical trace）而不是"视觉对象"（visual objects），尽管另一些研究者将物理痕迹作为视觉社会学的一部分（Emmison et al.，2012）。可以采用的另一个术语是"物质文化"（material culture），尽管它在社会科学中并不像在人文科学中那样被普遍使用。

物理痕迹包括诸如花园、雕像、家庭用品、涂鸦、垃圾、交通信号灯、铺路材料、墓地、衣物、DNA、瓶子和文件夹之类的东西，换句话说，几乎任何物品。它们还包括当我们使用互联网，使用数字设备，甚至是我们在走动时被监控镜头捕获而留下的非文本数字化痕迹。物理痕迹始终存在于它们被使用和塑造的空间环境中，因此，当考察一个事物时必须要将其置于空间和社会环境中进行研究："空间环境对于理解事物及其与人类的关系至关重要。"（Emmison et al.，2012：107）

物理痕迹的价值在于它们提供了关于人们在做什么的证据，而不是人们自己说他们做了什么。考古学家力图通过物理痕迹了解过去；法医学家使用它们来解决犯罪问题。对物理痕迹的分析还可以帮助我们了解社会世界。社会科学家对物理痕迹的研究通常是对其他质性研究技术的补充，但它本身也是一种重要的方法。

物理痕迹研究是一种非干扰性研究（unobtrusive research）。非干扰性研究是不需要他人积极参与的研究形式。它也是非反应性的，也就是说，数据资料独立于研究项目而存在。例如，一条穿过公园的小路可以为人们使用该公园的方式提供证据。无论研究者是否关注它，这条小路都始终在那里。我们在研究物理痕迹时通常会使用两类测量方式：累积和耗损（accretion and erosion）（Webb，2000）。累积是指物质的增加，而耗损则是一种磨损和消耗模式。在公园的例子中公园本身可以被认为是一种关于累积的测量，它是一种对环境的干预，吸收了那里原本存在的东西并将其塑造成供人类使用的形态。公园的小路则是一种耗损测量，因为公园使用者颠覆了这一空间的预期用途。在后面，我们将对累积测量和耗损测量进行讨论。接下来的话题会聚焦于研究物理痕迹的益处与挑战。最后，我们以讨论研究范式如何影响物理痕迹分析来结束本章的内容。

第 9 章 观察事物

累积测量

累积测量考察的是一段时间内物质的累积情况（Webb，2000）。我们可以将累积测量分为两类：自然发生的和人为控制的（Gray，2009）。自然累积包括诸如指纹、垃圾、家用物品以及其他物品的累积。自然累积发生于人们的日常生活过程中，可为了解人们如何生活提供启示。对于物理对象而言控制性累积不如自然累积那么普遍，它是指研究人员对累积过程进行了干预（Webb，2000）。韦布（Webb）举了一个例子，即通过每天检查博物馆的玻璃上是否留有指纹和其他触摸痕迹来衡量展品的受欢迎程度。之所以称之为控制性的是因为研究人员每天都会擦掉这些印记。社会研究者经常对累积测量充满兴趣。艾米森等（Emmison et al.，2012：110-111）认为我们的物品可以成为社会地位和品味的标志，能够彰显人的个性，可以透过对使用方式的呈现反映我们的社交活动，也能够揭示蕴含其中的价值观念。我们可以通过分析物品来获得以上任何一个方面的认识。

专栏 9.1

分析涂鸦

涂鸦是一种累积测量，社会科学家曾通过不同方法研究了众多场所中的涂鸦作品。奥塔（Otta，1992）研究了巴西圣保罗厕所墙壁上的涂鸦，发现无论是涂鸦的数量还是主题都呈现出明显的性别差异。施里尔和斯特里查兹（Schreer and Strichartz，1997）也报告了在美国的研究，他们发现男厕所比女厕所更容易出现污秽粗俗的涂鸦，而女厕所比男厕所更容易被画上政治性的涂鸦。他们还发现，与性有关的涂鸦在男女厕所中出现的可能性是没有分别的。奥塔、施里尔和斯特里查兹都将涂鸦看作能够传递社会价值的一种符号。而麦克唐纳（McDonald,

> 1999）在他对澳大利亚涂鸦的研究中采用了不同的方法。他对身份研究颇感兴趣，关注的重点在于涂鸦作品如何反映出创作者的身份以及社会地位。

数字痕迹

记录我们信息的数字资料正在持续地被系统收集，它是一种不断累积的物理痕迹。这类数据被称为"大数据"。大数据包括文本数据和非文本数据，例如我们在互联网上使用的搜索词，我们在社交媒体上互动的"朋友"，我们在线发布的帖子，我们走路时被拍摄到的视频，我们在线点击的内容，我们访问的网站和浏览的时间，我们使用信用卡产生的交易，我们借助"智能"旅行卡或谷歌地图实现的出行，以及我们在日常生活中习惯分享的各种数字信息。尽管大数据与社交计算和定量方法的关系最为密切，但也可以使用质性分析。大多数大数据都是由私人公司收集的，并且经过我们称之为商业分析或数据挖掘的过程而被用于定制向使用者推送的信息。这些公司主要利用大数据来精准投放面向消费者的广告，但社会研究者对它的兴趣也日益浓厚，他们希望通过这些信息来更好地认识社会世界。这类累积测量的使用会带来一些伦理问题，因为我们不太可能会在知情的情况下同意自己的信息被用于研究。作为研究者如何处理这些伦理问题尚没有明确的答案，本章后面将会对此做出进一步讨论。

耗损测量

耗损测量关注的是损耗的模式（Webb，2000），例如图书馆中哪些书因使用而磨损，或者哪些穿越公园的道路最受欢迎。社会科学家通过研究这些损耗模式来得到关于其使用情况的认识。像累积测量一样，耗损测量

第9章 观察事物

也可以自然发生或受到控制。自然耗损的例子包括分析道路上的坑洼以评估出行的方式或检查工人鞋子的磨损以评估他们的工作强度。

法医学家经常在犯罪现场使用耗损测量（见专栏9.2），而其他社会科学家则很少使用这类测量。耗损测量拥有用武之地的一个领域是土地管理。该领域学者提出过一个研究问题：限制国家公园篝火活动的政策是否可以减少公园的退化。在对美国国家公园的一项研究中研究者考察了篝火管理政策对三类公园的影响，包括有指定篝火区域的公园、没有任何篝火限制的公园，以及全面禁止篝火的公园（Reid and Marion，2005）。该研究调查了营地区的营地数量、篝火和受损树木（由于收集柴火和其他原因而受到破坏）。结果发现，无论篝火政策如何所有公园都能发现篝火和树木受损的证据，这表明对篝火过度保守或过度宽松的政策都不能保证公园不受破坏。研究还表明，限制斧、锯和其他切割工具的使用将有助于保护树木（Reid and Marion，2005）。这种使用耗损测量的研究在土地管理中相当普遍，例如其中许多研究探讨了使用山地自行车和远足径对山体的影响〔请参见皮克林等（Pickering et al.，2010）对这些研究进行的元分析〕。

专栏9.2

法医学

法医学和侦查心理学通常使用累积和耗损测量法来重构犯罪现场。这两个领域都使用警方问询的信息，包括受害者、罪犯和证人的陈述，以及警察从犯罪现场和其他地点收集的计算机文件、视频监控信息和其他物理痕迹（Canter and Alison，2003）。在这一背景下，累积测量包括指纹、头发、血液、DNA、犯罪现场中尸体的位置（Canter and Alison，2003）以及其他由于犯罪而遗留的物品。耗损测量包括对身体的伤害、分解的程度以及被盗的物品（Canter and Alison，2003）。对这些事物的分析——特别是与其他形式的资料（包括采访）结合使用——可以帮助调查者洞悉犯罪行为（Canter and Alison，2003）。

物理痕迹研究的优点

使用物理痕迹进行社会研究有许多优势。对物理痕迹的研究不具有干扰性，这些测量本身是非反应性的，并且此类研究可能不需要什么授权。对物体的观察可以为认识社会生活提供丰富的见解。

艾米森等（Emmison et al.，2012：150）总结了研究物理对象的多项益处。他们认为物体是"社会过程的客观度量"，因为它们是实际行为的指标。由于这一方法不涉及反应性，所以避免了诸如访谈员偏差或者参与者回应偏差之类的问题，这些都是后实证主义者非常注重的方面。此外，物理对象在适用解释性分析的同时也易于进行分类和计数。

物理痕迹提供了人们实际行为的证据，而不是他们用语言描述的证据。因此，这些信息可以成为其他类型资料的重要补充。例如，你如果想知道人们在家里的实际饮食情况，就可以对他们进行访谈并查看他们的垃圾。垃圾呈现的物理证据可能与访谈中提供的信息一致，也可能与之不符。

物理痕迹研究的缺点

物理痕迹研究同样也存在许多缺点。一个重要的方面是，从物理痕迹（尤其是累积测量）分析中获得的信息仅限于既存的信息。除非对丢弃物加以分析，否则无法对没有保存的东西进行研究。然而，未获保存的物品可能具有很高的价值。有些东西看似无关紧要以至于人们可能不会去刻意保留，但实际上可能对人们的生活至关重要。例如，我们大多数人不会保存我们的个人物品，例如内衣或私人用品。这就需要研究者根据现有的物

第 9 章 观察事物

理痕迹做出谨慎的推断，因为剩下的东西几乎都是不完整的，仅仅能够提供过去生活图景的一些片段。想一想你保留的和扔掉的东西，可能你只会保留那些特殊的、对你有意义或者你认为有用的物品，而会丢掉那些普通的物品，或者你认为一次性的甚至令人尴尬的东西。因此，研究人员如果只看你现有的物品，那么将无法完全了解你的日常生活。

事物累积和耗损的速度不是随机的，有些东西会比其他东西耗损得更快。例如，蔬菜与加工食品的腐坏速度不同，假如你正在研究家庭垃圾以了解人们的饮食习惯，这一点认识便十分重要。再比如，我们在流行堆肥的文化中研究家庭垃圾，就看不到任何被消耗的新鲜农产品。那么基于对厨余垃圾的观察，我们可能会推断被研究的家庭没有食用新鲜农产品。这显然是一个错误的假设，凸显出了物理痕迹研究存在的限制。此外，事物的耗损也可能源于很多其他因素，而你所假定的原因也许并不正确。

有些事物会累积起来，而有些则不会。因此，对累积的研究仅限于可以发生累积的事物。会腐烂和/或消失的东西在超过某个时间之后便很难再去研究。同样，对耗损的测量也并非可以任意维持。耗损测量的缺失并不意味着那里什么也没有。例如，曾经位于某个地方的人行道可能已为用途完全不同的其他东西所取代。

研究物理痕迹还涉及一些伦理问题。例如，你是否可以未经允许而去翻查他人的垃圾？换作数字资料又是否可以呢？如果物理痕迹的来源仍然存在，则会有什么不同吗？有一些大数据就具体到可以识别其来源的程度。例如，在 2006 年，美国大型互联网服务提供商 AOL 发布了其 65 万用户在三个月内的关键词搜索数据。发布的目的是促进研究，但是 AOL 在发布搜索数据时将搜索词链接到了个人用户（以数字作为标识），这使许多用户可以被识别出来，造成了许多尴尬与伤害。尽管 AOL 迅速删除了数据，但这些数据已经被传播而且仍然可以在网上被获取。

需要一提的是，无论使用文本还是非文本的数字痕迹都会给社会研究人员带来不少烦扰。在利用它们去推断含义或意图的时候，要像处理其他物理痕迹一样格外小心。例如，我们留意到一个人登录了他的家用电脑，但实际上这个记录是他的孩子、朋友甚至其他亲戚留下的。因此，与登录者相关联的信息就不能成为反映该个体行为的准确指标。最重要的是，如何解读数据的含义是由研究者全权决定的。因此，践行批判主义或建构主义范式的研究者不太可能使用这种类型的分析。即使是后实证主义者也会认识到在对其产生背景缺乏了解的情况下，我们无法仅凭直觉就能猜度这些痕迹所反映的意图。一个很好的例子就是美国少年贾斯廷·卡特（Justin Carter）的案例。2013年，卡特在Facebook上表示他将"开枪射击幼儿园"，他说这是在讨论计算机游戏时开的一个玩笑，随后是免责声明"LOL"和"j/k"，分别表示"大声笑"和"开玩笑"的意思，结果卡特被捕入狱。这个案例凸显出上下文的重要性。脱离上下文的数字痕迹可能会被严重误读。再举一个较为温和的例子，有人代替他人在线订购了许多物品，这些委托者或没有信用卡，或不想开设账户，或出于某些原因不想自己在线购买。也许看起来下单者很富裕并且品味特别，但这些判断可能是不正确的。

更一般地来说，由于物理痕迹是非反应性的，研究的对象并不是专门为研究而形成的，因此研究人员只能就着这些既有的东西开展工作。因此，物理痕迹不适合被用来回答"为什么"的问题。

鉴于物理痕迹的局限性，我们必须小心谨慎地为研究项目建立概念框架。物理痕迹分析可以很好地与其他研究方法相结合——向人们询问有关物理对象的信息能够赋予研究者更好的洞察力。需要强调的是，物理痕迹分析应该始终包含一个关键要素，即研究人员应该考虑痕迹存在的背景是什么。

分析物理痕迹

物理痕迹的研究可以被置于后实证主义、建构主义或批判主义的研究范式之下。基于后实证主义视角的分析可以帮助研究者还原之前发生的事情。法医学家对物理痕迹的使用就是一个很好的例证，他们试图通过对痕迹的分析揭示在特定时间和空间中发生的事情。以后实证主义的观点来看，事件只存在唯一的事实版本，而不是批判主义和建构主义方法可能揭示出的多种版本。在发生犯罪以后，法医学家试图确定发生了什么以及肇事者是谁。

对物理痕迹的批判主义研究将从特定意识形态的角度来进行分析。例如，一位批判主义学者可能会研究一条街道的设计如何妨碍了女性夜间行走。研究的目的可以是强调性别和行为性别规范在建筑环境设计中的重要性。我们也可以围绕雕塑进行类似的研究。雕塑往往被有意识地塑造成某种形态以传递特定的含义，那么这些含义可能是什么？它们又与社会等级有何关联［有关如何研究雕塑的讨论，请参见艾米森等（Emmison et al.，2012）的相关研究］？

物理痕迹研究不涉及与参与者共同建构意义的过程，所以很难在纯粹的建构主义框架下进行研究。要想进行建构主义取向的工作，必须将物理痕迹研究与另一种能够和参与者发生联系的质性研究方法结合起来。麦克唐纳（McDonald，1999）对涂鸦的研究就是其中一个很好的例子。麦当劳采用了一种混合方法，将涂鸦作品和涂鸦作者关于涂鸦的看法都纳入分析中来，由此对澳大利亚的涂鸦文化进行了精彩的探索。

结语

本章介绍了对物理痕迹（包括非文本数字痕迹）的研究。物理痕迹的考察方式可以分为两类即累积测量和耗损测量，每一类都包括自然测量和控制测量两种方式（Webb，2000）。

本章认为，物理痕迹可能是了解人们实际行为的一种好方法，既能够独立使用，也能够与其他方法结合使用。与其他质性技术一样，物理痕迹研究的研究问题、资料的分析方法及其传递的含义都由作为研究根基的范式决定。

随着被动数据采集方式在我们的生活中日渐兴起，可供社会研究者使用的数据源越来越多。这些资料为研究人员提供了令人激动的丰富机会，但同时也引起了人们对日常生活被监控的程度以及授权信息使用的可能性等方面的质疑，而这些议题在监控系统建立之初并没有被考虑进来。作为研究者，我们需要注意这些类型的物理痕迹所牵涉到的潜在伦理问题。

阅读延伸

关于物理痕迹的质性使用的文献比较有限。以下给出的建议希望能起到抛砖引玉的作用。

Emmison, M., Smith, P. and Mayall, M. (2012) *Researching the Visual*. London: Sage.

该书对分析各种视觉资料（包括物理痕迹）做出了非常有趣的讨论和精彩的论述。

Hodder, I. (2012) 'The interpretation of documents and material culture', in J. Goodwin (ed.), *Sage Biographical Research*. London: Sage. pp. 171-187.

该部分围绕物质文化在社会研究中的使用进行了全面讨论。

Jenkins, T. M. (2014) 'Clothing norms as markers of status in a hospital setting: a Bourdieusian analysis', *Health (United Kingdom)*, 18(5): 526-541.

该文介绍了如何使用参与观察法对医务人员的着装进行观察。

Schroeder, R. (2014) 'Big data: towards a more scientific social science and humanities?', in M. Graham and W. H. Dutton (eds), *Society & the Internet: How Networks of Information are Changing Our Lives*. Oxford: Oxford University Press.

此章介绍了大数据在人文和社会科学领域的应用，并就大数据分析提出了见解。

Webb, E. J. (2000) *Unobtrusive Measures*. Thousand Oaks, CA: Sage.

该书全面介绍了物理痕迹的研究，包括累积和耗损的测量。

第10章

观察文本

> **本章内容**

- 主题分析和话语分析：异同之处
  - 主题分析
  - 话语分析
  - 批判性话语分析
- 查找文本和抽样
  - 查找博客和抽样
- 使用主题分析
- 使用话语分析
- 结语
- 阅读延伸

一名女子在维多利亚州遭遇绑架后，被藏在汽车后备厢运往新南威尔士州，途中受到多次性侵。(《绑架、强奸和橱柜囚禁：一个女人600公里的磨难》，《时代报》，2011年7月5日)

一名男子在绑架一名妇女并多次对其实施性侵之后遭到指控。(澳大利亚家庭研究所，"性侵事件报道"媒体背景资料，www.aifs.gov.au/acssa/media/mbc.html)

性侵犯是一种严重的暴力犯罪，常见于新闻媒体报道。女性通常是这一罪行的受害者，而男性通常是施暴者。对性侵事件媒体报道的文本分析（textual analysis）一致发现，尽管新闻专业教育通常会鼓励媒体采用主动语态（如第二个例子），但记者在报道强奸案件时仍倾向于使用被动语态（如第一个例子）。以上引文出现于针对什么是性侵报道的最佳新闻实践所提出的一套伦理指南中（Australian Institute of Family Studies，2014）。这套指南的制定者认为应避免在报道性暴力时使用被动语态，因为这会产生一系列政治影响。它可能会使读者的注意力远离犯罪者，而过度集中在受害者身上。进一步来说，研究人员发现当以被动语态报道诸如强奸这类的犯罪事件时，人们的态度会受到影响。他们可能会变得"对待强奸受害者更加消极，更加接受关于强奸的迷思以及针对妇女的身体暴力"（Henley et al.，1995：80）。

以上观点来自对性侵事件新闻报道的文本分析，阐释了语言如何以有力的方式塑造社会现实的表征形式。文本分析作为一种研究方法常用于解读报纸文章和其他以语言为基础的信息来源。它也可以用来审视包括博客、社交媒体网站、食谱书和医学教科书在内的各种信息来源。这些都有助于我们去思考社会生活各个方面的表征方式及其产生的政治或社会影响。本章概述了主题分析（thematic analysis）和话语分析（discourse analysis）的质性方法，二者都是研究文本的常用方法。尽管也可以将照片和电影之类的视觉材料作为文本进行分析，但此处的重点是书面而非视觉文本。我们提供了一些案例来说明如何使用主题分析和话语分析方法进行文本分析，并概括了关于抽样、资料收集和分析技术的一些要点。

主题分析和话语分析：异同之处

文本分析是各种文本研究方法的总称。三种流行的质性方法包括主题或质性内容分析、话语分析和批判性话语分析（critical discourse analysis，CDA）。从广义上讲，主题分析与后实证主义和建构主义的某些假设是一致的，具体取决于我们如何使用它。话语分析与建构主义相契合，而批判性话语分析与质性研究的批判主义方法相统一。所有方法都是常用方法，具体如何选择将部分取决于支撑研究问题的逻辑和价值取向。

主题分析

主题分析主要集中在文本内容上，假设文本表达与文本之外的社会现实之间存在着联系。这种方法的一个例子是玛丽·霍姆斯（Mary Holmes）对社交媒体在线交流中的礼仪研究。霍姆斯（Holmes，2011）感兴趣的是在线交流礼仪困境中规范的形成，以及这些规范如何在更广泛的意义上与友谊规范相联系。她收集了一些网站针对 Facebook 用户的行为规范所提供的建议，并对这些文本信息进行了主题内容分析。她的假设是通过分析这些致力于倡导网络礼仪的网站，我们可以了解有关在线友谊的规范与线下友谊行为的规范之间有何相似之处或不同之处。霍姆斯发现虽然这些网站在关于如何恰当"交友"和"拒友"方面提出的建议存在着冲突，但它们都强调了当同辈、同事、老板和家人成为 Facebook 的好友时情绪自我觉察的重要性。相关博客还透露了这样一种观念，即通过"删除好友"断绝在线关系的情感后果可能是严重的，应该避免公然采取那些粗鲁或卑劣的做法。

话语分析

话语分析呼唤人们关注文本的语言使用涉及的更为正式或结构性的元素，以及它们如何建构出特定版本的社会现实。举个例子，考虑一下"害羞"（shyness）和"社交焦虑"（social anxiety）两个概念之间的区别。尽管两者潜在描述的行为是相似的，但我们可以说它们以不同的话语或方式实现了对社会抑制（social inhibition）这一概念的建构和分类。社交焦虑是一个明确的医学术语。它将社会抑制归为一类心理问题或心理异常，有潜在的治疗或治愈方案可以应用。与之相比，害羞是一种描述人格特质的低价值负载的话语方式，没有传递异常性的医学暗示。

话语分析有很多具体的方法。从广义上讲，它与主题分析的不同之处在于对文本形式的关注更甚于对文本内容的关注，同时也注重考察文本通过特定的语言使用方式实现或完成了什么。此外，话语分析还密切注意隐含于话语或文字之下的假设及其相对应的世界观，如上述害羞/社交焦虑的案例所示。这正与建构主义的观点相吻合，即语言不仅能反映和描述现象，而且能积极地建构现象。

话语分析相当流行的一个社会研究领域是关于科学技术的研究，因为这一分析方法可以帮助探究科学方法价值无涉的声称背后所潜伏的假设。人类学家埃米莉·马丁（Martin, 1991）完成了一个非常著名的关于医学教科书的话语分析研究，并得出这些教科书没有做到客观中立或价值无涉的结论。她发现它们对于男性和女性生殖生理的描绘方式充斥着强烈的性别刻板印象，流露出对女性生殖过程的负面态度。例如，马丁发现这些教科书在描述月经时强调了浪费和脱落，而这种语言很少用于描写数以百万计的由男性制造却"未曾使用"的精子。卵子始终是被动的，它沿着输卵管"漂流"或"被席卷"，这与被描绘为活跃、狂热的精子形成了鲜明对比。马丁认为这些刻画不能够准确说明精子和卵子的实际行为，而是在性别假设的基础上完成了对配子行为的社会建构。她的研究提出了这样一种预判，即这些先验建构可能会影响医生和医学家如何看待配子行为和生殖过程以及当他们在微观视野下观察细胞时能够看到什么。

在更近期的一项研究中社会学家使用话语分析阐释了语言表述的方式如何使干细胞研究计划区别于那些迈向人类生殖性克隆的研究计划，尽管这两种研究都可能涉及相似且有争议的过程，例如操纵和破坏人类和动物胚胎。彼得森（Petersen, 2001）分析了遗传科学研究文献中使用的"治疗性"克隆一词，它被用于描述干细胞研究计划，意指该计划将来可能会为许多危及生命的疾病和慢性疾病带来治愈的希望。在这一语境下"治疗性"一词意味着该类研究等同于疗法或治疗，而实际上研究进程仍处于高度实验性的阶段。彼得森认为语言在这里的作用是淡化与实验医学程序有关的潜在风险，并将科学的所谓"良好"用途与"不良"的生殖克隆计划区分开来。其结果之一是将人们的注意力从追问这项"完善的"科学研究

第 10 章 观察文本

计划涉及的伦理或政治风险转移开来,而实际上研究计划所依托的技术是可能存在着伦理瑕疵的。

批判性话语分析

批判性话语分析也是一种关注语言如何建构特定版本社会现实的研究方法,但是它更加在意语言的权力动态及其所服务的社会利益。与其他话语分析方法相比,批判性话语分析试图捕捉语言、权力和意识形态之间的关系。尽管存在多种不同的具体方式,但所有这类方法都拥有一个共同的焦点,即关注文本表现如何服务于权力关系的运作(Machin and Mayr,2012)。践行该研究传统的分析者通常会公开表达自己的政治效忠,并通过研究工作来展现他们在这一立场之上的政治行动主义和理念倡导。批判性话语分析者通常会仔细查阅诸如政治演讲和文件、新闻媒体文本或广告之类的资料来源,以期揭示出这些文本中隐藏于语言使用之下的意识形态策略。按照范·迪克的说法,批判性话语分析的目标是"理解、揭露并最终抵制社会不平等"(Van Dijk,2001:352),正如我们通过语言使用制造社会不平等一样。因其批判主义的价值取向,那些热衷于对种族、族群和移民的媒体表征造成的政治影响施加干预的研究者们对它青睐有加,在关注诸如针对妇女的暴力侵害等问题的女性主义学者中这一方法也颇受欢迎。

莫瓦特(Mowat,2013)对 SlutWalk 反性侵集会的媒介呈现进行了批判性话语分析,以探究媒体如何与女权主义目标以及这种社会抗议形式的政治相联结。在全球性的 SlutWalk 抗议活动中,女性穿着"放荡"或暴露的衣服来彰显自己的行动主义。SlutWalk 运动的兴起是为了回应一个加拿大警官的言论,他说女性应避免像荡妇一样的穿着以保护自己免遭强奸。莫瓦特发现在 SlutWalk 新闻报道中有关性侵的讨论隐含着个人责任话语,即认为受害者对其自身的不幸经历负有责任并倾向于淡化运动的女性主义目标。所以说,媒体对 SlutWalk 的报道复制了最初引发抗议者走上街头的许多偏见。报道的另一个特征是将年长的女性主义者置于年轻的女性主义者的对立面,从而将女性主义政治描绘为分裂和冲突的。此外，很少有文章提及游行者的争议着装背后的故事，而是试图模糊和淡化她们"不修边幅"的装束。

查找文本和抽样

对于社会研究者而言，使用文本资源具有一系列的优点和缺点。研究者通常可以在方便的时候来获取文本，因此节省了大量金钱或时间。文本与人不同，不需要被招募进来参加研究。它们从不会因为太忙而无法参加访谈，也不会因为生病而退出焦点小组。这种资料来源的一个缺点是，它们不是专门为你的研究问题量身定制的。例如，信件和日记之类的档案资料可能会存在系统性的空白，从而使历史记录被扭曲。这意味着研究人员在某些时候必须就着他们发现的内容来进行研究，而不是使用完美匹配该研究的数据资料。

用于主题分析或话语分析的高质量原始资料可以通过低成本的方式寻找到。旧的教科书、报纸、杂志、儿童故事书或食谱书通常可以免费或以较低的费用从公共图书馆或大学图书馆中借阅到。现在，通过基于图书馆的"一站式"在线数据库（例如 Factiva 和 Lexis-Nexis），只需搜索关键词就可以轻松访问全球新闻媒体和其他数字媒体资源。如果想查找博客或在线日志，通过常规的网络搜索技术以及使用博客专用的互联网搜索引擎（例如 Google Blog Search 或 Technorati）就可以实现。在 Facebook 和 Twitter 等社交媒体网站上发布的内容也可以用于文本分析，并且在网上能够获得免费的浏览器插件帮助下载各种类型的在线数据用于分析。

专栏 10.1

文本分析的抽样

抽样是文本分析需要考虑的重要问题之一。我们在第 5 章关于抽样严谨性和可推广性的讨论也适用于文本分析。该方法至少涉及以下四个有关抽样的问题：

（1）哪些资料来源能够为我回答研究问题提供素材？
（2）我需要多少资料？
（3）在每个资料源中，哪些文本元素与我的研究相关？
（4）资料纳入的时间框架或标准是什么，有何依据？

研究人员如何对这些问题做出回答将取决于资料源的性质，研究问题的要求和可行性，或者他们可支配的时间、财力和人力资源。例如，莫瓦特（Mowat，2013）对澳大利亚主流新闻媒体如何描绘当代女性主义者的行动主义很感兴趣，并认为 SlutWalk 游行是这种行动主义的一个绝佳案例。因此，她决定使用讨论 SlutWalk 的报纸文章作为资料源。通过在 Factiva 数据库中搜索"SlutWalk"的关键词，她可以获取到 64 篇关于游行报道的澳大利亚报纸文章。其中一些是"纯粹的"的新闻报道，使用的语气更为客观中立；而另一些则是评论性文章，撰写文章的记者或评论员公开主张某种观点。她决定把两种类型的故事都纳入分析。尽管有人会认为观点性文章更适合做话语分析，因为它们比"纯粹的"新闻报道更为公开地宣扬意识形态，但莫瓦特认为这两种文章都是合适的。既往的研究发现，"纯粹的"新闻报道可能会受到报纸所有者的政治倾向和编辑政策的影响。鉴于对检索到的全部文章进行分析是可行的，在这项研究中文章纳入的时间范围并不构成关键问题。SlutWalk 的第一次游行发生于 2011 年的澳大利亚，每年只举行一次。由于对该事件的媒体报道多在游行进行后的几天内最为密集，因此不存在从数量庞大的资料中进行选择的困难。唯一被弃用的文章是重复的文章，或者那些对 SlutWalk 一笔带过而不具有分析价值的文章。

查找博客和抽样

博客作为文本分析的一种资料来源正在日益流行起来，因为它方便访问且经常使用谈话式的语气，成为一种日常的、自然的、"常识性"的争论和对话的来源。博客往往具有情节性，述说的可能是那些常规的、平凡的事情，是作者展现其观点、信念和经验的一个窗口。博客一般由单个作者定期发帖更新，然后这些帖子被按相反的时间顺序存档。博客通常具有反馈功能，关注者可以对作者发布的帖子发表评论，这些评论也可以作为一个很好的资料来源。博客的类型丰富多样，例如，关注健康、烹饪、手工艺和其他"生活方式"议题，或与新闻和时事主题相关。正如尼古拉斯·霍克威（Hookway，2008）指出的那样，博客起源于在线个人日记，为个人博客作者提供了表达观点并吸引读者的平台。近年来，博客承担了新闻媒体的部分功能，媒体机构经常将它作为鼓励公众参与的一种方式。许多博客还设置了用于话题讨论的论坛，这些论坛的帖子类似于报纸中"致编辑的信"（Fozdar and Pedersen，2013）。

博客的抽样可能相对比较简单，也可能相当困难和耗时，这取决于你要查找的内容和研究问题的要求是什么（Hookway，2008；Snee，2010）。一些基于博客信息的研究使用单个博客作为案例研究，这样博客受众的在线评论就构成了主要的资料源。与此相反，另一些研究者需要以整个博客为单位的大量样本才能回答他们的研究问题，并且只有在完成了许多耗时费力的工作之后才知道使用哪些博客。福兹达尔与佩德森（Fozdar and Pedersen，2013）和霍克威（Hookway，2008）的研究恰好是这两种极端的例证。我们能够看到，博客的抽样程序在很大程度上受到研究问题的约束。

福兹达尔和佩德森（Fozdar and Pedersen，2013）意图研究博客在多大程度上提供了可以表达和抨击种族主义观点的讨论空间，而不是仅仅作为志同道合的种族主义者或反种族主义者建立相互认同的平台。为了探讨这个问题，他们选择了一个专门讨论庇护寻求者问题的博客。该博主在博客上张贴了报道避难者乘船抵境的报纸文章，并且允许阅读者对帖子发表评论。由于两位学者对围绕避难人士入境的争论感兴趣，他们选择通过单个案例来进行深入研究，以该博客中围绕这篇报道所发布的评论作为他们主要的资料来源。针对此单篇博文，博客读者共发表了55条评论。从这

第 10 章 观察文本

组评论中，他们看到在庇护寻求行为的支持者与反对者两个阵营之间所发生的对话。此外，他们还发现有证据表明支持庇护寻求者的团体正在推动一系列反种族主义的策略。

霍克威（Hookway，2008）研究了澳大利亚人在日常生活中的道德体验，特别是人们如何理解"美好生活"及其与日常道德决策之间的关系。为了在网上挖掘这个话题，他需要由澳大利亚的博主以类似于日记的方式所撰写的博客来组成他的样本。博客需要包含与道德和自我有关的内容。霍克威描述了他为寻找自己的博客样本而煞费苦心的整个过程。一些博客的运营网站没有搜索引擎，并且大多数网站都无法搜索常见的社会学描述，例如年龄、性别和位置。霍克威之所以选择博客内容管理服务平台 LiveJournal 是因为它设有搜索引擎，并且似乎包含了他正在寻找的那类博客。他发现自己需要仔细浏览每个博客的内容和存档来确定它是否包含适合的素材，如此一来在每个博客上都要花费大量时间。为了弥补这种方法可能存在的疏漏，也为了更加节省时间，霍克威最终决定在 LiveJournal 社区的页面上发布广告。这样他能够方便地找到那些认为自己的博客涉及道德话题的博主，而不必自己去查找博客。

从上述例子可以看出，对文本源进行抽样需要想象力、毅力和判断力。尽管主要的研究方法是质性的，但量化抽样技术不失为一个合适的选择。抽样决策将取决于可用素材的数量以及研究问题的需要。

使用主题分析

使用诸如报纸文章或博客之类的文本进行主题或质性内容分析类似于使用访谈或焦点小组资料进行主题分析。值得强调的是这是一个概念上的过程，而不仅仅是对简单规则和技术的应用问题。分析者需要对书面资料源进行编码或者仔细阅读，然后按照与主题相关的"语块"（chunk）进行归类。这一操作可以用钢笔或铅笔在打印出来的记录上完成,也可以借助计算机辅助质性资料分析软件(computer-assisted qualitative data analysis software,CAQDAS)来完成(更多详细信息,请参见第12章)。通常,研究者会反复多次阅读文本以优化编码方案,使其在概念上适用于所收集的全部资料并能够推进资料的分析。在进行编码时研究人员通常会从很多类别开始,随着编码过程的推进类别的数量会逐渐减少,最终生成少量主题,从而为研究问题建立论点或提供可能的答案。编码可能反映了文本中或明显或隐含的内容。基于显见内容的编码具有很强的描述性色彩或字面意味,构成对资料的表面化解读。基于隐含内容的编码具有更深层次的解释性,与研究问题的理论框架关联更为紧密,并且能够帮助研究者更加接近研究问题的答案。

前文中玛丽·霍姆斯对Facebook礼仪规范的研究,可以作为对当代社交规范的一项案例研究。霍姆斯按照几个与情感和友谊有关的核心主题将她的资料进行了归类。对这些主题的讨论帮助她建立了以下论点:关于礼仪的在线讨论表明,在当今的友谊关系中人们不太确定什么样的情感亲密度才是恰当的,特别是当双方之间存在地位差异时,但人们在很大程度上重拾了线下社交遵循的平等原则。

表10.1提供了关于霍姆斯的资料编码及分析过程的直观展示和简洁说明。通常而言,分析的初始阶段是对资料进行编码,包括描述性编码(descriptive code)和内隐性编码(latent code),为下一步生成更为简明的主题奠定基础。初始阶段形成的编码往往是描述性的,之后随着分析的推进而变得愈加具有分析性。例如,可以将表10.1第一列中的三个文本段概念化为对线下友谊和Facebook交往规范的关注和比较。但是,这种概念上的联系可能不会明确化,直到研究者通读许多文章并逐渐熟悉资料为止。初次阅读时形成的编码多为描述性的,如表10.1的第二列中所示,而随着阅读的文本材料逐渐增多,对文本与研究问题的思考逐渐加深,主题数量会有所减少。编码和主题生成的过程始终围绕着一个目标,即找到可以回应研究问题的合理解释(更多详细信息,请参见第12章)。

第 10 章 观察文本

表 10.1 从编码到主题

文本	描述性编码	与地位等级有关的次级主题	与友谊规范有关的核心主题
从根本上来说，你在线上和线下所做的事情应该没有任何区别……请记住，你是在与真实的人交谈，并带着真实的感受	线上与线下行为礼仪的比较	线上和线下的行为规则	线上礼仪很大程度上强化了线下交友的平等原则，并尊重"线下"世界中存在的层级结构
我只接受我认识的人……我的学生们在这一点上态度不一，但他们越来越倾向于不接纳陌生人	加好友行为	关于层级差异和在线关系的意见分歧	
我不能想象在 LinkedIn 使用＊＊＊（脏话，此处隐去）这种词	不同的平台有不同的行为要求	工作/专业关系需要保持更远的情感距离	

主题分析着重于文本产生的内容和含义，研究者在对这些内容和含义进行归类和简化的过程中逐渐接近对研究问题的洞悉和阐释。

使用话语分析

话语分析与主题分析不同，它关注人们在语言和文字中关于事物的表达内容和表达方式。话语分析的方法应被视为一套概念工具而不是对刚性技术的严格使用，这一点与主题分析相似。此外，话语分析从对文本材料的仔细阅读开始，这一点上也与好的主题分析有着异曲同工之妙。通过反复阅读来熟悉数据资料是这一方法的关键所在。

在话语分析中研究者非常注重诸如句子的结构及其对意义表达的影响，还有作者使用的意象类型等这类问题。相较于通过编码来诠释文本含义（如上文描述的过程），研究者的注意力更多地集中在文字、词组和语法特征以及它们之间的相互关系上，旨在通过这些来探究研究问题。根据主题的不同，话语分析的过程受到以下部分或全部问题的指导：

（1）文本中有哪些关于世界或情形的看法被认为是理所当然的？可以

对这些看法提出哪些挑战？

（2）隐喻或意象：在描述所讨论的现象时反复使用的隐喻或意象是什么？这些隐喻或意象如何以特定方式来反映问题？

（3）语气：语气是正面的还是负面的，判断性的还是中立的？会带来什么样的结果？

（4）是否有单词或短语重复出现，反映出人们关于现象的什么普遍理解？有没有认识问题的其他方式？

（5）通过文本中的语言使用已经产生或正在制造什么？与权力和抵抗有何关系？例如，主动和被动的句型结构是如何使用的，有什么作用？

最后的问题与奉行批判性话语分析传统的研究者尤为相关，他们旗帜鲜明地致力于探索围绕主导性话语的权力和抵抗如何通过文本的语言使用而被建构和实现。

结语

借助于一些无须依赖研究人员生成原始材料的研究方法，我们可以了解到很多有关社会过程、互动和权力表征的知识。文本分析可以使用传统的纸质资源（例如书籍、报纸和杂志）或者在线资源（例如博客），通常能够作为一个兼具可行性与低成本的选项来替代那些依靠人类参与者的研究。但是，使用现存资料有一个主要的缺点，即它们并非是针对研究问题而量身定制的资料，并且可能存在系统性的空白。文本分析包括主题分析和话语分析。适用于这些方法的研究问题往往以阐明表征背后的假设和权力机制为追求。

阅读延伸

Australian Policy Online，http://apo.org.au（Australian Policy

Online is a not-for-profit research database).

这个综合档案库提供了可用于文本分析的大量资源，特别是政策文件。

Gee, J. P. (2014) *An Introduction to Discourse Analysis: Theory and Method* (4th edition). London: Routledge.

该书关于话语分析的讨论十分通俗易懂，为初学者提供了一系列的样例。

Hookway, N. (2008) 'Entering the blogosphere: some strategies for using blogs in social research', Qualitative Research, 8 (1): 91-113.

这是关于社会研究者如何进行博客查找和抽样的最早的全面讨论之一，其对细节方面的重视至今仍具有参考价值。

Snee, H. (2010) 'Using blog analysis', Realities Toolkit ♯10, Morgan Centre, University of Manchester. Available at http://eprints.ncrm.ac.uk/1321/2/10-toolkit-blog-analysis.pdf (last accessed 19 September 2014).

这是一个关于在社会研究中使用博客的实用指南，它讨论了如何根据分析的需要而准备和组织博客。

Wodak, R. and Chilton, P. (eds) (2005) *A New Agenda in (Critical) Discourse Analysis*. Amsterdam: John Benjamins.

这本跨学科文集主要关注批判性话语分析在各种政策环境和背景下的作用，它更多的是讨论能够应用该方法的创新项目或环境，而不是提供"如何去做"的说明。

研究实施:让参与者自述

第11章

叙事研究

本章内容

- 生活史、个人叙事和自我民族志
  - 生活史
  - 个人叙事
  - 自我民族志
- 使用叙事研究
- 引出叙事
  - 访谈的技巧
  - 对参与者的控制技巧
- 生活史和个人叙事分析
  - 生活史访谈分析
  - 个人叙事分析
- 评估叙事研究
- 结语
- 阅读延伸

第 11 章 叙事研究

> 对于任何一个男同性恋或女同性恋者来说，一生中最重要的举动就是他/她们宣告自己的同性恋身份——向自己，向他人，向社区。尽管男同性恋者和女同性恋者已经在出柜的道路上走过了一百多年，但直到 20 世纪 70 年代，这些故事才变得十分公开。（Plummer，1995：82）

> 我担心出柜会将非白人和跨国同性恋者变成一种表象……我的意思是，我没有向我的亚洲家庭出柜不是因为害怕，而是因为我们没有合适的语言来表达它。但是，我和我的伴侣会紧紧拥抱在一起。我已经向我的白人家庭出了柜，而他们完全不能接受我的性取向……这些故事只有在同时被讲述和经历的时候才能为人所知；永远不会孤单，永远不会分开。（LeMaster，2014：51）

许多被同性吸引的成人和青年都会拥有一个出柜的故事，他们将在人生中的不同节点向不同的观众讲述这个故事。这是一个关于同性恋者心路历程的故事——当意识到自己是男同性恋、女同性恋、双性恋或其他性取向者时，当宣布自己拥有不同于异性恋主流人群的特殊身份时，当告诉别人自己被同性吸引时，是怎样的一种感觉。普卢默（Plummer，1995）分析了一组出柜的故事，发现尽管故事中的细节因人而异，但故事的情节、类型和时间轴等通常都极为相似。普卢默的研究吸引了我们对这些故事中文化和社会元素的关注。他将出柜故事称为"晚期现代主义故事"和"时代的故事"，不仅告诉我们有关同性欲望和认同的个人经历，还告诉我们在这个历史时刻人们是如何理解同性恋的。勒马斯特（LeMaster，2014）关于这一故事类型的自我民族志运用了多重声音讲述（multi-vocal telling）的手法，提醒我们认识到出柜故事的时代背景正在发生变化。他讲述了他的白人家庭如何公开拒绝他的同性恋身份，而台湾家人如何默默地接受，试图以此表达当代酷儿经历的复杂性。在研究中，他对性、种族身份或出柜经历的标准化、单一化提出了疑问。

出柜的故事只是人们如何通过故事讲述来理解生活的一个例子，也是显示叙事研究（narrative inquiry）重要性的一个例子。叙事研究可以在各种跨学科的研究环境中使用，并且只要讲故事有机会成为一种研究策略就都能够有效地发挥作用。里斯曼将叙事定义为"围绕因果相承的事件而组织起来的话语"（Riessman，1993：3）。通过叙事我们可以探索身份、丧失、疾病、痛苦、康复、忍耐和战胜逆境的问题，这些是在应用这一方法的跨学科研究中最为突出的几大主题。

在本章中，我们将对叙事研究进行全面考察，重点放在该方法的设计和实施要求上。获得在形式上契合叙事分析要求的故事，是在这一研究传统上取得成功的法宝。尽管进行叙事研究有许多不同的途径，但都具有一个共同特点，即分析的焦点都落在故事的结构和内容上面，以及/或者将个体故事置于更广泛的社会文化视野之中。我们将通过跨学科研究背景中的前沿和经典案例，讨论叙事研究的三种流行方法——生活史（life history）、个人叙事（personal narratives）和自我民族志（autoethnography）。我们还会就研究者如何提炼出适合于叙事研究的故事以及叙事分析的方法提出一些建议。在本章的最后部分，我们还将对叙事研究的评估方式做出探讨。

生活史、个人叙事和自我民族志

关于生活史、个人叙事和自我民族志之间的区别，学界对此存在着一些不同的看法。例如，一些研究者［如斯夸尔斯（Squires，2008）］将生活史视为个人叙事研究的一种形式。我们认为，对这三种方法做出一些宽泛的区分是十分有必要的。

生活史

生活史研究强调将个人故事放在所处背景中进行理解的重要性。研究者们倾向于从塑造个体生活和故事的社会历史背景和现实经验中带出个人的故事（Dowsett，1996；Stein，1997；Plummer，2001；Dempsey，2006）。这一研究传统的实践者通常会参考其他的资料来源，例如历史档案，以使对单个故事的分析更加丰满。例如，阿琳·斯坦（Stein，1997）的《性与情感》（*Sex and Sensibility*）记录了居住在加利福尼亚州旧金山湾地区的两代女性——"婴儿潮"一代和"Ｘ一代"——关于女同性恋身份认同的故事。社会学家斯坦收集了她称之为女同性恋者"生活和爱情"的"自我故事"。她认为，出生时代将在一定程度上影响她们体验同性恋身份和理解生活的方式。为了把这些女性的故事嵌入具体的历史背景中，斯坦从一些在当时具有影响力的女同性恋女性主义出版物中搜集了有关的材料，并将她们的叙述穿插在这些材料之中。通过对时代背景下女性故事的分析，斯坦生动地说明了女性主义、妇女解放运动政治及其后来的"去中心化"都对女同性恋的身份认同发展产生了关键性的影响。

个人叙事

相较而言，个人叙事研究更多地将故事视为具有结构和意义的文本，着重关注故事的形式要素以及广义叙事而非个别故事所基于的文化习俗。弗兰克（Frank，2013）区分了故事和叙事。鉴于故事由个人讲述，每个故事中使用的具有文化和历史特殊性的叙事工具是有限的。研究者可能会关注故事的情节或者关键"时刻"和事件，故事的类型（例如喜剧、悲剧、惊悚剧或冒险剧），以及事件的时间顺序或时间线。

例如，弗兰克在《受伤的故事讲述者》（*The Wounded Storyteller*）中提出，关于疾病的所有故事都是参照三个更广泛的文化叙事创作的，即紊乱、复原和追求（Frank，2013）。在复原叙事中，疾病被视为暂时的。就叙事而言，"它是对健康中断的一种回应，但叙事本身又超越了中断"（Frank，2013：89）。它与身体恢复到其生病前的形象紧密相关。疾病已被控制，身体就像是一辆抛锚的汽车已经被修复完毕。紊乱叙事代表了复原的反面。讲述者们想象生活永远不会变好，而且在表达时没有自我反思，也没有娓娓道来的感觉。从这个意义上说，它们构成了弗兰克眼中的反叙事。而追求叙事讲述痛苦中的感受，分享个人的希望和恐惧，以及如何感知（或无法感知）痛苦的意义和可能到来的死亡。弗兰克（Frank，2010）认为对叙事类型的命名对患病者来说助益良多，因为它可以帮助他们思考他们正在讲述的是什么样的故事，而不是他们想要就自己的疾病讲述什么样的故事。患病者讲述的故事为他们的预后和康复提供了线索，因为这展现出了个人的绝望、希望或者面对疾病时的力量感等特质。

心理学家玛吉·柯克曼（Kirkman，2001）使用个人叙事方法从不孕女性的视角对不孕症进行了研究。柯克曼采访了 31 名有生育问题的澳大利亚女性，其中 12 名在后来通过使用试管婴儿技术、收养或未经医疗干预的自然受孕等途径当上了妈妈。根据访谈资料，柯克曼以时间为轴线整理和编写了关于她们的叙事，诠释了每个女性的不育故事。在分析这些叙事时她发现女性将不孕的经历比作一种追求，就像中世纪关于追求的叙事一样——其中讲述了"骑士为了追寻目标而展开一场冒险之旅"，并且在"历经了一段暗夜中的摸索后证明，这一切是值得的"（Kirkman，2001：83）。柯克曼的研究探索了将不孕经历比作一种追求的各种可能，并且发现女性经常将使用辅助生殖技术视为对勇气和耐心的必要考验，而不论它是否最终能给自己带来一个孩子。她借助叙事研究阐释了孩子对不育女性的意义，她们的叙事与那些批评生殖技术的激进女性主义学者的叙事之间的差异，以及这些女性坚持生育治疗的原因——这种坚持常常无关于治疗成功的概率。

自我民族志

与生活史和个人叙事形成对比的是，自我民族志明显背离了研究者与被研究者之间的传统区分。研究者通常把对自我经历的探索作为研究的一部分，关注情绪和个人经历对研究问题有何启发。在自我民族志研究中，很难将故事的叙说与分析和写作的过程分开。用埃利斯等的话来说，这种方法"承认并接纳主观性、情绪性，以及研究者对研究的影响，而不是对这些问题视而不见或者假设它们不存在"（Ellis et al.，2011：2）。在自我民族志中，故事的讲述者也是故事的解释者。

例如，杰姬·利金斯及其同事（Liggins et al.，2013）研究了新西兰精神病急性护理环境的康复功能，在其中利金斯讲述了自己作为一位精神病急性护理场所的前住院病人的亲身经历，构成研究的一个重要部分。通过自我叙事，利金斯反思了她"作为富有同情心的观察者、服务使用者和精神卫生专业人士的多重角色"（Liggins et al., 2013：105），并以此形成她对急性护理环境的独到见解。利金斯在文中以日志的形式放入了她对自己住院期间整个康复历程的反思，并以斜体加以区别显示。这些经历与她作为精神科医生的工作经历形成鲜明对比。自传体式的反思穿插于其他更为"客观"的、体现传统科学写作风格的文本和分析之中。采用这种方法旨在鼓励读者参与精神疾病的体验，采用较之实证主义医学研究更有意义的方式来理解精神疾病的复杂性。

需要注意的是，这三种叙事研究方法并不总是相互排斥的，研究者可以将不同的方法要素融合于一项研究之中。例如，柯克曼关于个人叙事的研究也是一种部分的自我民族志研究。柯克曼也曾经历过不孕症，她把自己也当作了研究的一位参与者。而阿琳·斯坦的生活史研究结合了个人叙事的要素，因为研究将参与者出柜故事的结构作为一个重要焦点，并充分考虑了女性主义运动的社会和历史背景。

使用叙事研究

叙事研究通常被认为以建构主义的假设为基础，因为故事需要听众，故事的创作构成了一个社会互动过程（Riessman，1993；Plummer，2001；Holstein and Gubrium，2012）。正如乔伊斯所指出的那样，这一过程需要"一个听众，一个读者，一个观众（即使那个听众可能就是他自己，例如写日记的行为）"（Joyce，2013：3）。故事成为研究者和被研究者共同创作的作品，必须被提炼出来并转换成可以用于研究的形式。故事叙述的元素或要件永远不可能是完全新颖的，因为我们都身处特定的叙事文化和社会环境之中，只能使用有限可得的叙述工具。弗兰克提醒我们，故事总是告诉我们正在讲述的是什么事实，但它却无法给出一个概括性的回答："故事的作用是提醒我们，我们无从选择地生活在复杂的真相之中"（Frank，

2010：5）。

尽管如此，正如普卢默（Plummer，2001：3）看到的那样，生活史作为一种传记方法因其"天真的现实主义"而遭到了批评，或者说这一方法所持的观点——认为故事能够成为被研究者生活经历的直接窗口——并不为人们普遍接受。毋庸置疑，后实证主义的假设为叙事研究的某些方法奠定了基础，例如英国的张伯伦等（Chamberlayne et al.，2002）所介绍的传记叙事解释法（biographic-narrative interpretive method）。这些学者毫不讳言地期望一个客观的"生活"故事能够在某些情况下得到证实（例如，根据报纸报道或出生记录），并且一个"被讲述的故事"能够明确地传递出它对于叙述者而言的独特意义。在这种方法中，故事里关于事实本质的后实证主义假设与故事叙述的建构主义假设是并行不悖的（Dowsett，1996；Plummer，2001）。使用叙事方法时请务必牢记，故事可以让研究者了解到被研究者如何看待世界，以及在他们的视野中生活的体验是如何的。有时候，故事中提到的关键事件和经历可以从有关资料记录中找到其客观事实的基础。但是，故事无法提供一条能够直达那个无可争辩的"事实"真相的道路。当然，这并不是说故事本身就是谎言，或者故事的叙述者永远不值得信任。

引出叙事

因为叙事是意义形成结构不可或缺的要素，所以必须得到完整的保留。研究者不能破坏叙事，而应尊重受访者的意义建构方式并分析其达成的路径（Riessman，1993：4）。

并非所有访谈材料都适合于叙事研究。访谈材料必须以故事的形式呈现，而常规的轮流问答式访谈获得的资料则很难产生故事。在面对访谈者抛出的众多问题时参与者的回答往往十分简短，不适合进行叙事分析。因此，在研究项目的设计阶段就需要考虑以什么方式来引出故事。适用于叙

第 11 章 叙事研究

事分析的故事可以完全由叙述者来创造，也可以通过采访过程来形成。关于故事讲述是一个什么样的以及在何种程度上的互动过程，以上两种方法各自持有不同的假设。在下面的内容中，我们会对两者都有所讨论。

访谈的技巧

为了充分捕捉故事的丰富细节，个人叙事、生活史和自我民族志的访谈通常比其他类型的研究访谈耗时更多。这类访谈通常需要至少一个到几个小时，而且研究者会对同一位参与者进行多次访谈。对于叙事研究者为何倾向于多次访谈，斯夸尔斯（Squires，2008）给出了一些理由：便于按时间顺序依次跟进，检验早前访谈中获得的事实，随着时间的推移小心探索高度情感化的问题，针对之前未能充分挖掘的有趣内容或遗漏之处做出跟进，或者让受访者获得更多对交谈内容的控制感。一些研究者可能会向被访者展示初次采访的笔录，使他们在访谈推进到下一步之前有机会检查或修改最初提供的故事。

当生活史或个人叙事研究以访谈为基础时，访谈者也将扮演引导者的角色，鼓励被访者讲出自己的故事（Kirkman，1999；Plummer，2001；Riessman，2008）。这类访谈没有严格的访谈提纲，尽管可能会用到很少量的提示。研究人员使用开放式的问题，并且在措辞之中表达出对被访者以故事作为回应的期待。例如，玛吉·柯克曼在每一次对不孕女性的访谈之始，都会询问"您能告诉我和您的不孕经历有关的故事吗"（Kirkman，1999）。里斯曼（Riessman，2008）给予被访者持续、温和的指导以使讲述者保持在正确的方向上，以及鼓励他们尽可能在故事的重要元素上提供丰富的细节内容，例如事件的时间线索和在整个故事中的相对意义（比如，接下来发生了什么？您能记住……的时间吗？您觉得您为什么还记得那样一个时刻？）。也可以利用照片来为故事讲述提供启发和提示，并且常常是参与者自己拍摄的照片。

基于团队的自我民族志也可以使用访谈产生的资料。例如，埃利斯等（Ellis et al.，1997）开展了一项关于暴食症经历的自我民族志研究。他们称这一过程为"互动式访谈"，因为这三位研究者都参与了进来并记录了他们之间的倾情对话，其中他们分享了自己曾受暴食症困扰的个人经历以及关于社会文化如何建构食物消费和女性身体的看法和感受。

对参与者的控制技巧

有一些研究者不希望使用访谈来获取生活史或个人叙事，因为他们想赋能于参与者，让他们以自己的方式产生故事。例如，乔伊斯对低收入单身母亲重返高等教育的研究旨在探究："处境不利的单身母亲如何呈现或抵制关于单身母亲的流行叙事？还有哪些其他叙事可能会影响她们的身份认同和帮助她们理解生活？"（Joyce, 2013）乔伊斯将她的研究方法描述为"自我记录的生活叙事"。在展开关于研究方法的讨论之前，她坦言单身母亲成为一种备受诋毁的身份名称，她们常常被视为不受欢迎和对社会构成威胁的一群人（即被认为行福利欺诈之事或捞取纳税人财富）。她的研究策略暗含着帮助这些参与者发出自己的声音并讲述自己的单身母亲故事这一愿望。对于乔伊斯来说这就要在研究过程中赋予她们尽可能多的控制权，并且这一过程本身可能就构成了一种变革。她的方法包括为研究参与者提供两周的数字录音机，以便她们可以自行记录自己讲述的生活故事。在开始记录之前她给了参与者一些提示，帮助她们回顾自己接受高等教育和作为单身母亲的经历。

在自我民族志中，我们常会看到研究者个人或者作为团队一员以参与者的身份来讲述自己的故事。埃利斯（Ellis, 2007）描述了她的一项自我民族志研究的过程，该研究探讨的是在堕胎决策中的选择会受到哪些因素的限制。她和她的伴侣阿特·博克纳（Art Bochner）作为共同研究者，记录了有关她意外怀孕的经历。在埃利斯堕胎两个月后，她和博克纳各自撰写了自己对于这段经历的体验。然后他们交换阅读了对方的记述并进行了讨论，在此基础上完成了第二版的写作，这是他们对于双方的共同经历协商完成的共同建构。埃利斯（Ellis, 2007）评论说，这一过程使他们能够深入情感创伤这样一个主题，而不必担心失去对故事的控制或给脆弱的参与者带来伤害。她还希望这个故事可以帮助其他有着类似经历的人走出困境。用埃利斯的话来说，"我们希望我们的工作能够反映堕胎经历中人性的

第 11 章 叙事研究

一面——在抉择之中包含的意义、感觉、冲突和矛盾"(Ellis，2007：22)。

生活史和个人叙事分析

与其他质性分析方法相比，对生活史和个人叙事资料的分析可能会更加耗时费力。这是因为人们很少以清晰、连贯的方式叙述故事，所以研究者可能需要进行大量的工作才能将收集到的故事转换成适合叙事分析的形式。叙事分析不同于其他质性分析方法的主要之处在于既要对每一个单独的故事进行分析，也要对收集到的所有故事进行整体分析。当使用访谈资料完成叙事分析时，研究人员还需要从访谈笔录中生成文字叙述（有关转录技术和问题的详细讨论，请参见第 12 章）。

生活史访谈分析

分析生活史访谈的一种方法是根据访谈记录编写主题化的个人传记或"个案史"。这样能够实现对访谈资料的纵向和横向分析，从而建立每个故事与研究主题相连的整体感，并使各个独立故事间的比较成为可能。主题化的个案史以对访谈记录的仔细阅读为前提。研究者还可以将其他的资料来源整合于其中，以使个人传记镶嵌于更广泛的社会和历史背景中。

德博拉·登普西（Dempsey，2006）在澳大利亚同性恋社区中进行了一项基于生活史分析的家庭组建研究。她讨论了女同性恋、男同性恋和双性恋男女如何利用辅助生殖技术达成关于家庭组建的合作与协商，以及关于家庭和亲缘关系的理解如何影响了他们组建家庭的决定。她对分析过程的描述如下：

> 每份访谈笔录经匿名化处理后均印制了几份纸质版本。通过仔细阅读记录，从个人传记中提取出既定的和新增的主题、意象、"引人注目"的字词和短语，并在纸张的空白处先粗略地做上笔记。然后根据这些访谈资料为每一位参与者编写一份完整的个案史，结构上按照

简短的个人传记形式进行编排，同时突出研究初始设定的访谈主题以及后期访谈分析过程中发掘的新主题。个案史的篇幅大约在 5 000 字。较早完成的个案史在整个研究过程中进行了多次修改，因为前期看似重要的主题随着访谈、阅读、思考和写作的深入而逐渐失去其意义。(Dempsey, 2006: 97)

151　这是一个复杂、迭代的分析过程（Dowsett, 1996），始于访谈笔录，然后经过一个从资料到文献、再从文献到资料多次循环往复的过程，就像大多数质性分析采取的方式一样。对访谈记录的初步阅读会生成一组主题，可以用于指引个案史的编写，但在这个过程中切记不要将对研究问题的探究抛在脑后，这是整个研究的根本目标所在。主题传记通常以一个简短的概要作为开始。以下列举了登普西在研究中提炼的部分个案史主题：父职或母职的含义；与伴侣就是否决定成为父母所进行的商讨；与伴侣就生育关系进行的商讨；生物遗传意义上的父亲或母亲身份的含义。登普西在每个个案史的末尾都专门安排了一块内容，以"宏观视野下的故事意义"和"访谈对比"为标题。基于这一做法，她可以构建一个更加宏大的故事来回答研究致力于探索的问题。

专栏 11.1

来自登普西个案史的部分示例

概要

基思·高尔（Keith Gower）是一位 36 岁的同性恋者，他一个人住在墨尔本外的一间公寓里。他与父母、兄弟姊妹没有什么联系，在他二十多岁宣布出柜时，没有家人愿意接受他。作为一名图形设计师，基思有着一份稳定的事业。

基思打算与罗伊娜（Rowena）共同抚育孩子，罗伊娜是他结识多年的一位同龄女同性恋者。两人通过参与酷儿社区的一些政治活动而相互认识，他们共享工作网络，并有共同的朋友圈。罗伊娜和基思已经开始着手他们的育儿计划，并且约定好平等分担这项责任。在基思看

第 11 章 叙事研究

来，这样的安排对于一个同性恋者来说是很不寻常的。他们俩目前都没有同居的同性伴侣，而且据基思说，他们都不希望未来出现"新的性伴侣比对方或者孩子更重要"的情况。

父职的含义

成为父亲是一种自然的愿望：

> 我并没有觉得自己是在挑战现状。这只是我一直想做的事情……感觉是自然而然的。很难形容这种感觉，就像是有一种当父亲的需要被点燃了一样，无论别人对我说什么，我都会去做。

在基思的故事中，他丝毫没有将同性恋父亲视为一种矛盾的身份，一项"实验"或某种政治行为。在上面的引述中他解释了自己如何"自然"地想要成为一位父亲，因为这种愿望对他来说非常强烈。

协商生育关系

> 我们在纸上写下了计划要做的事情，我们对彼此关系的理解以及我们对责任的理解，做决定的整个过程……因此我们有一个可以回顾的基础。我们甚至设想了如果出了问题，我们将要通过什么调解程序来解决冲突。

基思和罗伊娜签订了书面协议，简述了他们所做的决定以及在子女问题上意见不合时应该寻求哪些程序。基思认为这样做很重要，尽管他强调双方的关系而非书面合同本身才是这项契约。

资料来源：Dempsey，2006.

152

个人叙事分析

关于如何进行叙事分析并没有一套标准的程序，分析的方法在一定程度上取决于所研究的问题（Riessman，1993；Squires，2008）。我们在本节中所描述的大部分内容与斯夸尔斯（Squires，2008：16）所说的"经验中心"叙事是一致的，它们具有以下四个重要特征：

- 叙事是有序和有意义的。

- 叙事绝对是富含人性色彩的。
- 在重构的意义上，叙事是经验的"再现"。
- 叙事能够体现转换或变化。

与生活史方法不同，个人叙事分析通常强调通过故事的形式和内容来了解关注的现象。弗兰克（Frank，2013）认为，研究者的任务是通过分析的过程发现或描绘故事所基于的更为宏大的文化叙事或意义结构。可供分析的叙事形式元素包括故事在时间线上的运用或发展。例如，故事讲述的内容暗示了进步、消退还是稳定？故事中有哪些关键"节点"为回答研究问题提供了启示？里斯曼（Riessman，1993）建议以分析文本的整体结构作为叙事分析的第一步。例如，叙述者如何组织故事？在叙述者和访谈者的交流中出现了哪些理所当然的观念？你希望哪些被省略或掩饰的内容能够出现在文本中？另一个有意思的形式特点是故事的类型。例如，故事的基调是英雄、悲剧、喜剧、浪漫还是讽刺？这对于回答研究问题有何意义？是单一类型还是多种类型的结合？

叙事研究通常以建构主义哲学为基础，认为记忆绝不只是对过往事实的客观再现。叙述者倾向于以一定的顺序进行回忆，即前面发生的事情对后面发生的事情有影响或者为之奠定基础（Riessman，1993）。这意味着故事中的时间线索可以作为分析的内容，以了解叙述者对于过去、现在和将来之间的联系所持有的假设。例如，普卢默（Plummer，1995）在分析个人的出柜故事时对时间、情节和主题等共同的结构要素给予了关注。普卢默还发现，这些故事往往始于童年，一直持续到成年早期或成年后期，这时他们已在一定程度上摆脱了因为性取向不同而造成的困境，通常是因为他们在遇见了其他境遇相同的人之后意识到原来自己并不孤单。一个重要的方面是，出柜故事通常会强调童年期的性别错位（即男孩拥有女孩的爱好或外表，女孩则表现得像男孩）早已预示出他们在后来发展出的性别认同。通过分析识别不同的叙事元素，普卢默对单个故事与西方关于性的主流文化叙事之间的关系进行了观察。其中一种常见的叙事就是，将性别错位与性别认同关联起来。然而，从性别认同与行为的跨文化研究中我们可以了解到，性取向与性别表现的这种联系绝非普遍现象。

第 11 章 叙事研究

柯克曼（Kirkman，1999）详细介绍了她对不孕女性的叙事进行分析的过程。第一步就是阅读每位女性的访谈记录，并按照时间顺序把它们重编为讲述不孕经历的故事。将故事重新整理为以时间线索展开的叙事可以更加轻松地比较每个女性叙事中的关键情节事件和时间先后，发现它们的相同与相异之处。如前所述，追求的概念是她在女性故事中发现的主要叙事手段。而且，柯克曼也担心这个重整的过程可能会导致参与者的故事讲述中某些含义被忽略或曲解。为了减轻这种影响，她向每位参与者都发送了一份整理后的故事副本，请她们"检查其中的含义是否表达准确并给予更正"。收到副本后有些人希望对有关自己的故事做些许修改，而另一些人则对她的表述感到满意。完成所有的叙事分析后她向参与研究的每个人都提供了一本小册子，其中包含修订完成后的所有叙述，这样每位女性都可以读到其他女性的不孕故事。由于柯克曼本人也是这项研究的参与者，因此这本小册子也包括了她自己的故事。

评估叙事研究

如里斯曼（Riessman，2008）所言，叙事研究的效度和信度问题比较复杂。她认为就叙事研究的效度而言，有两个维度非常重要，即参与者所述故事的效度及研究者所述故事的效度。叙述事实的真实性无法以客观的方式被查验。就其本质而言，它们都是部分或片面的。里斯曼认为当研究者能够清晰描述他们的研究方法以及分析过程时，研究的效度总能得到提高。她建议叙事研究者及时记录自己在研究过程中做出的决定以及产生的见解，因为这有助于提高自己对于前期工作的反思能力或者批判意识，思考如何能够使这些工作完成得更好并对其中某些决定所产生的后果保持清醒认识。

里斯曼（Riessman，2008）还提出了四个评估叙事研究效度的潜在重要维度："一致性"（correspondence）、"说服性"（persuasiveness）、"连贯性"（coherence）和"实用性"（pragmatic use）。"一致性"是指叙述事件是否与历史事实相一致，可能对于某些历史研究来说这一点十分重要。例如，在上述阿琳·斯坦（Stein，1997）的生活史研究中研究者对妇女解放运动的历史很感兴趣，认为这是女同性恋者建立身份认同的重要背景，同时也能使她在参与者的叙述与历史档案资料之间进行交叉检验。不过，对于纯粹以建构主义假设为基础的研究来说，就无须过于强调这条标准。里斯曼（Riessman，2008）所指的"说服性"体现在研究者呈现资料的方式能够显示其真实性，分析论证能够具有合理性和信服力。里斯曼认为，当研究者能够引述参与者的语言作为证据支持他们的主张并且能考虑到某种解释之外的其他替代性解释的时候，最能够彰显研究的说服性。"连贯性"是指叙事"环环相扣"的程度或者与其上下文相呼应的程度。这并不意味着它反映历史现实的程度，而更多的是指叙述者关于世界的假设是否得到清晰的表达，或者能否通过故事的叙述方式而得到合理的论证。"实用性"是指研究分析的启发性或可靠性是否为学术界所认可。如果一项叙事研究被广泛引用并能为其他研究提供基础，即表明它对现有的知识体系做出了合理和有力的贡献。

劳雷尔·理查森（Richardson，2000：15-16）基于鲜明的建构主义立场阐述了他关于如何评价自我民族志研究价值的观点，提出艺术和情感力量是衡量研究价值的关键尺度，并给出了具体的依据及解释：

（1）实质贡献。这项研究有助于增进我们对社会生活的理解吗？

（2）审美价值。研究报告作为一件写作作品是成功的吗？对于读者来说，它的形式是否具有艺术性、足够的丰富性以及趣味性？

（3）反思程度。是否提供了充分的信息说明该文的写作背景及过程？是否清楚说明了作者的主观认知如何塑造了该文，又为该文所塑造？

（4）影响力量。它会在情感和/或认知上影响我吗？它会引发新的问题还是让我行动起来？

（5）经验呈现。文字是否描述了丰富的生活经历？自我民族志文稿可能包括戏剧性的回忆和生动的语句措辞，以吸引读者在情感上产生共鸣。

结语

叙事研究包括生活史、个人叙事和自我民族志研究。它是进行质性研究的有益方法，帮助我们更好地理解人们关于个人生活故事的叙述。这一方法在许多研究场景中被证明具有极为重要的价值。例如，在辨识慢性病患者的故事是否符合追求、复原或紊乱的叙事类型时——这是弗兰克（Frank，2013）在《受伤的故事讲述者》中所提出的著名的叙事分类——可以帮助患者思考他们所讲述的故事是否是他们为重获健康而需要讲述的。在本章中我们始终强调叙事研究的建构主义本质以及深知该方法无法揭开社会事实唯一"真相"的重要性，但这不等于说在叙事研究中"一切皆有可能"。与其他质性分析方法一样，其有效性通常反映在研究结果是否可信以及是否能够以令人信服的方式阐释社会现象上。

阅读延伸

Chang，H.，Hernandez，K. and Ngunjiri，F.（2012）*Collaborative Autoethnography*. Walnut Creek，CA：Left Coast.

该书为进行合作式自我民族志研究提供了非常实用的指南，给予了有关资料收集、分析和撰写技巧的详细建议。

Narrative Inquiry：The Forum for Theoretical，Empirical and Methodological Work on Narrative. Journal available at www.clarku.edu/faculty/mbamberg/narrativeINQ/ HTMLPages/Editorial1.htm.

这本跨学科期刊主要刊登基于叙事方法的质性研究。这个优质的资源可以帮助你了解在不同研究背景下叙事研究的丰富主题和内容范围。

Plummer，K.（1995）*Telling Sexual Stories：Power，Change and*

Social Worlds. London: Routledge.

这本著作可读性很强,介绍了以故事叙述为基础的社会学研究方法。作者普卢默在书中讨论了性的各种叙事类型,并将它们置于历史背景下进行了考察。

Riessman, C. (2008) *Narrative Methods for the Human Science*. London: Sage.

该书介绍了一系列不同的叙事研究方法,主要面向从未使用过叙事方法的学生或研究人员读者。

Stephens, C. (2011) 'Narrative analysis in health psychology research: personal, dialogical and social stories of health', *Health Psychology Review*, 5(1): 62-78.

叙事方法已在许多健康研究学科中得到应用,该文对健康心理学叙事研究的不同方法进行了很好的概述。作者讨论了适合进行叙事研究的健康心理学研究主题,并举例说明了如何利用谈话、文本、图片和物品等作为叙事资料。

第12章

意义构建：资料管理、分析和报告

本章内容

- 资料管理
  - 设置计算机文件
- 保持资料的安全性和有序性
  - 转录资料
  - 伦理与转录
  - 录音文本的分析准备
- 启动资料分析
- 初步探索
- 改进分析
  - 备忘录
- 使用计算机辅助质性资料分析软件
  - 基于团队的质性资料分析
- 分析与写作
- 基于质性研究撰写论文、报告和文章

- 结语
- 阅读延伸

质性分析的过程可能是"千头万绪"的。从许多方面来说它是一个闪耀着智慧和创造力光芒的过程，而不是一个技术性的过程。在本章中，我们将着重介绍有关资料管理、分析与撰写的一些通用原理和技巧。这些内容补充了我们在前几章对叙事、话语和主题分析的综合讨论。我们还将考虑在初步探索和改进分析的过程中，如何严谨地进行存储和管理资料工作。此外，我们也讨论了如何利用计算机辅助质性资料分析工具来进行资料分析，以及团队合作分析资料的相关问题。最后，我们就如何基于质性资料撰写报告和期刊文章提供了一些简要的建议。

资料管理

质性研究项目可以产生大量的材料。资料收集完成时，你可能已经保存了大量的电脑文档、打印资料和田野笔记。仅一个访谈在整个项目周期中就至少需要三种方式的存储：音频文件、电子文档或 Word 文件以及打印文档。一份访谈记录可以轻松地打印出三十页甚至更长的纸质文档。良好的资料管理和存储技术可以使资料的匿名性和保密性（如果有关的话）得到保证，因此它也是对研究者的一项伦理要求。此外，它还有助于保障资料分析的系统性和全面性。尽早确定资料管理方案能够有效节省时间，更利于避免在分析或报告结果时可能出现的混乱和严重错误。

设置计算机文件

每个项目都需要一个受密码保护并且运行良好的计算机存储系统，从而实现对项目文件的有序保存和安全备份。除非你的项目是学位论文，否则通常将有不止一名研究人员需要访问项目文件。即使只有一位研究者，能够从不同位置轻松访问多个设备上的项目文件也将是大有裨益的。把项

第12章 意义构建：资料管理、分析和报告

目文件分开保存于独立的文件夹是一个理想的办法，包括数据资料、项目管理资料（招募计划、发票等）、文献和 Endnote 文件、研究计划书和资助申请、伦理审查申请（包括简明的声明和同意书）以及出版物等。你可以在项目甫一开始就做好这方面的设置。共享文件夹通常可以在组织内部的文件服务器上使用，但这些文件夹的存储容量可能比较有限，并且出于安全原因不在办公室时通常无法访问。如果文件很大（如视频、访谈照片和录音等），或者研究团队成员来自不同的单位，那么基于互联网的文件共享和存储程序将会节省大量时间。只要文件内部符合逻辑顺序，共享文件会比电子邮件的方式更方便项目材料的流通和文档版本的控制。

专栏 12.1

文件共享不再困难

Dropbox 和 Basecamp 是目前流行的两个"云"计算程序，可轻松实现文件共享。在有网络连接的情况下，两者都能实现从多个位置对文件的访问，并且不同人在不同设备上可以"同步"处理的文件。Dropbox 是一个免费、简洁、基于文件夹的程序，可以通过邀请其他用户注册到你的共享文件夹来获得额外的存储空间。如果需要使用和共享大型计算机文件（例如视频或照片），只需支付一定的月费或年费，即可购买更多存储空间。Basecamp 是一个更加复杂的项目管理程序，需要付费使用。除了基本的文件共享它还提供了一些其他的项目管理功能，例如团队日历和会议日程，可以使你轻松跟进多个项目。一些使用高敏感数据的研究人员可能由于担心隐私泄露而对这些云计算程序怀有戒心。如果你使用的是敏感性的资料，同时希望利用这些程序的便利性，则可以对数据进行加密处理。

保持资料的安全性和有序性

以字母和数字组合为每个资料项（"个案"）分配一个编号，有助于更

加高效地组织数据资料。例如，把第一个访谈编为IN01，以此类推。对于电子文件应将编号放在页面的页眉或页脚位置，或者访谈记录的封面上。在 Word 或 Excel 文件中专门创建一个表格用于记录参与者的编号和基本描述，是确保你可以快速找到相关资料的一种有效方法（见表12.1）。如果你使用的是 NVivo 之类的计算机程序，则可以将这些信息作为个案的"属性"（attributes）录入进去。此外，编号也可以帮助你对纸质文档进行有序归档。

表 12.1　参与者属性

访谈 #	性别	关系状态	年龄	职业
1	女	单身	38	博士研究生
2	女	已婚	62	人力资源管理人员
3	女	已婚	40	科研工作者
4	男	离婚	25	职业不明
5	男	同居	51	高校行政人员
6	男	已婚	36	技术与继续教育学院教师
7	女	同居	37	职业不明
8	男	已婚	62	管理人员

资料来源：摘自示例文件。

你如果有打印出来的纸质资料，最好将它们保存在活页夹或其他既安全又方便取放的文件盒中。活页夹易于标记和保存，并且可以轻松地翻阅、移除或者放入资料页。

当质性研究以人们的访谈或故事为基础时，应将任何可以明确识别参与者的信息从访谈记录中剥离出去。这一点非常重要，它是多数大学的人类研究伦理委员会在进行伦理审查时可能会提出的一项要求。签过名的同意书应与参与者的资料区分开来，另行存放于上锁的文件柜中。出于招募人员或寄送研究结果的需要而获取的人员姓名、邮寄或电子邮件地址等资料也应采取同样的保存方法。管理研究资料的良好做法是不要随意弃置使用不到的资料，不使用时应将它们放归原处并锁在文件柜中。

转录资料

访谈或焦点小组录音通常需要在质性分析之前进行转录，一般可以借

第 12 章 意义构建：资料管理、分析和报告

助语音识别软件、转录机或请专业转录机构来完成。语音识别软件目前还没有完善到可以准确识别录音机播放的对话并生成文字的地步，但你可以自己通过耳机收听访谈录音并大声重复，以这种间接方式将访谈音频转换为数字化文本。尽管语音识别程序一直在改进升级，但它们仍然只能处理单一的声源，并且可能存在准确性问题。更常规的转录方法是通过耳机收听慢速回放的录音，并在电脑上键入所听到的内容。转录工具组（软件和播放机）较为昂贵，但相比标准的数字录音机在使用上更加便捷和高效，因为其中的脚踏装置可以使你在打字时完成暂停、倒带和回放等操作。

无论你要自己进行转录还是把它交给研究助手，都请务必意识到这是一个非常耗时的过程。专业转录服务通常需要三个小时才能完成一个小时的录音（焦点小组/小组访谈录音或低质量录音耗时更久），而一般的非专业打字员则要花费两倍于专业人员的时间。伯克等（Burke et al., 2010）估计对于非专业打字员来说，转录一个小时的录音可能需要花费四到七个小时不等，这取决于他们的技能、材料的复杂程度和音频的质量。访谈完成后立即进行转录有利于资料的分析，因为你可以借助记忆在转录文本中插入相关的非语言提示（例如，参与者说了什么话而表现出尴尬或紧张）。这样做可以加深你对材料的熟悉程度以及辨别话语含义和语气上的细微差异，而没有参加访谈的转录者是无法呈现出这些差异的。即便如此，研究人员自行完成转录工作并非总是可行之策，当请专业机构或其他个人代为转录时必须要将文档中键入的文字与原始音频记录进行比对，以检查转录的准确性。由于外包转录完成的速度较快，并且通常按每小时录音转录所需的工作时数来支付费用，所以转录文本相比原始音频记录经常会存在字词遗漏和细微出入的情况。这些错误会影响对文本含义的理解，因此检查的过程就变得尤为重要。

你如果雇请他人来转录资料，则必须清楚说明你希望如何来完成转录的工作，这与你的研究问题和学科视角密切相关。除非你是使用对话分析的语言学家，否则在通常情况下转录文本均以清晰易读为基本原则。这意味着所有的"嗯""啊"之类的语气词都应该省略（除非它们对于理解语句含义很重要），并给出清楚的标点符号。录音文本应能清楚地区分研究

者的提问和参与者的回答。双倍行距和较宽的右侧边距可以为手写笔记提供充足的空间。可以设计一套注释方法，以使转录员知道如何标记遗漏的单词、脱节的句子和有意义的停顿。专栏12.2为我们提供了一个有益的示例。

专栏 12.2

录音文本的一种注释方式

访谈者：	以缩进格式显示话语内容并加标引号
大卫：	
——	标记自我中断或措辞改变
【暂停，脚步声】	非语言提示
【模糊不清】	难以听清的字词
（哦，真的吗？）	被访者讲话时访谈人发出的感叹

在开启或者外包转录工作之前需要考虑哪些具体问题？专栏12.3为此提供了更为详细的参考。

专栏 12.3

在进行转录或外包转录之前应该自我询问的问题

转录文本的开头或每个页面上需要显示什么信息（例如，访谈编号、日期、地点）？

随后是否会应用软件来分析资料？如果是，建议避免使用复杂的格式。

你打算对资料进行归档吗？如果是，请考虑采用哪些文件格式和首选项能够避免后期归档时再做更改。

你想要显示页码吗？在什么位置？

需要显示行号吗？

转录员应该如何标示新的发言者？

第12章 意义构建：资料管理、分析和报告

> 当发言者迟疑不决或者发出"嗯""呃"之类的声音时，转录员应如何对此进行标注？
>
> 如何显示笑声、玩笑或其他非言语信息（例如离开房间和进入房间）？
>
> 转录员应该在何种程度上忠实于录音中的原话？例如，许多研究者并不希望转录者在录音文本中纠正参与者的语法。
>
> 转录员应如何标记他们无法理解的字词？（一种常见的方法是在相应的位置标注【难以理解】，可能还会注明发生这种情况的确切时间点【27:04】，以便研究人员能够轻松识别。）
>
> 为转录员提供一份陌生词汇的汇总表会对他们有所帮助吗？
>
> 资料来源：Burke, 2011: 5.

伦理与转录

伦理问题也是进行语音转录时需要考虑的一个因素，在整个转录过程中一方面需要确保访谈资料的保密性，另一方面要避免转录者在没有支持的情况下过度暴露在令人产生不适的资料之中。

转录者必须能够遵循保密原则，不可对外披露任何有关其经手资料的信息，也不能将资料副本放在任何可能被其他人看到的地方。大多数信誉良好的专业机构都拥有一个安全的基于网络的文件上传系统，因此能够提供安全便捷的文件收发方式，但是你仍需确保承担转录工作的实际人员能够妥善管理研究资料。你可以要求转录人员签署保密协议，或者只选择在处理机密数据方面拥有良好声誉的专业机构来提供转录服务。你如果存在任何疑问，应当毫不犹豫地向你有意雇请的个人或机构进行询问，以了解他们是否对保密性有充分的认识，以及他们打算如何保存和处理音频文件和转录文稿的副本。

如果你的访谈资料或书面材料高度敏感或是可能给人造成痛苦，那么从转录者以及参与者的双重角度来考虑如何管理资料将十分必要。你如果知道访谈材料可能会给一般人带来不适，那么最好先就此事与转录机构或转录员进行讨论。在一些情况下对于敏感程度和痛苦指数较高的材料最好的处理办法是在研究团队内部完成转录，或是确保转录员在完成之后能够

提供相应的说明。

低质量的转录可能会使你在访谈和焦点小组投入的所有努力付之东流，因此能否确保音频资料的转录工作可以被准确和负责任地完成将是至关重要的。你如果打算将这项工作进行外包，最好请有经验的同事向你推荐他们信任的个人或机构，因为在质量和费用方面可能存在着巨大的差距。

录音文本的分析准备

获得访谈音频的转录文本之后，你首先需要考虑如何对资料进行匿名处理。一项重要的工作是在打印资料或者将其导入计算机分析程序之前，从访谈文本中删除主要的身份信息（例如，参与者的姓名）。完全去身份化通常是一个过程而非一次性事件，因为改变多少以及哪些信息能够有效保护参与者的隐私并不总是一目了然的（有关此内容的概述，请参见第4章）。至少你应该为被访者使用化名，并将这些化名记录在访谈文本的封面上。此外，删除被访者的工作地点或者居住区域等细节信息也不失为一种合适的办法。

你应该单独保存一个"匿名日志"，其中包含访谈编号、参与者的真实姓名及其化名，以及所有已经采取的去身份化操作。在访谈数量较大或者研究团队成员较多的情况下，这项做法就更加重要，因为我们很容易忘记哪些访谈文本已经完成了匿名处理以及采取了哪些操作。而将这些信息仔细记录在一个单独的文件中可以使我们做到"白纸黑字，有据可查"。如果研究人员已经向参与者做了保密承诺，那么诸如在公开发表的研究成果中使用某个成人或孩子的真实姓名这类状况将是对其个人隐私的严重侵犯。假如在去身份化处理的过程中管理不当，就有可能出现这种情况。

启动资料分析

在量化研究项目中，数据收集和数据分析分属研究的不同阶段。你如

第 12 章　意义构建：资料管理、分析和报告

果试图在全部数据收集完成之前进行分析，就必然会造成分析结果的不准确。而与之相反，在质性研究中一旦你取得了第一次访谈的资料、第一篇报纸文章或者任何你打算分析的首份资料，就可以立即启动分析工作。对质性研究者而言，把资料分析看作与资料收集并驾齐驱的过程将对研究质量的提升大有帮助。如果你对收集到的资料进行了全部或部分转录，这就构成了资料分析的早期阶段，在此阶段你开始真正熟悉这些材料。你如果在开展访谈，请在第一次访谈完成后立即开始转录并仔细阅读产生的转录文本。访谈中是否有些提问没有达到预期效果，或者有无错过一些可以挖掘更多细节的宝贵机会？被访者关于话题的思路结构是否与你的预期大相径庭，这会对你的研究聚焦产生影响吗？通过一边开展研究一边分析资料的方式在项目的早期阶段发现这些问题，是质性研究"实践逻辑"的一部分。

在进行实地调查期间用日志来记录你的思考和观点，也是助力研究分析必不可少的手段。往往当你结束访谈关闭录音设备后被访者会谈及一些非常有趣的事情，你可以把这些内容在日志中记录下来用来补充正式的访谈资料（只要对方没有明确禁止对此进行记录）。通常在进行访谈或阅读其他文本资源时会产生许多想法，如果不能及时记录在容易检索的地方，日后你可能就会逐渐淡忘它们。在分析过程中你还可以使用日志来绘制地图或者其他图表和清单，从而帮助你更加有效地探寻研究问题的答案。

质性分析可能会涉及资料的主题编码、主题生活史的撰写、叙事文本的时序编排或者话语分析，具体取决于你所选择的研究方法（本书在前几章中已经对这些方法进行了深入讨论）。然而，无论使用哪种方法，都应遵循以下三个"黄金法则"：

（1）利用研究问题来指引分析的推进方向和建立事物之间的联系，但请注意不要过早排除任何潜在的可能性。许多常见的质性分析技术都源自扎根理论（Strauss and Corbin，1990），该理论提出初始阶段的"开放式编码"（open coding）是后期作为研究进阶的精细化分析的必要预备环节。研究的这一阶段以仔细阅读、产生想法和形成分类为主要特征，你可以记下任何有意思的内容而不必过多地进行自我审查。在后期进入改进和完善

分析的阶段时，通读这些笔记和初步解释可能会令你放弃一些看起来过于细化的内容，或者对某些内容进行拆解和重新归类。如果你正在进行主题分析，那么这些笔记将帮助你生成一组初始编码，作为你后期进一步构建和完善编码的基础。

但是，你不必仔细研究资料中的所有内容。例如，在个人或小组访谈中前几个问题通常是为了与参与者建立良好关系，这意味着在你阅读到有价值的材料之前可能首先接触的是这些无关紧要的闲谈或"白噪声"。有些时候闲谈是进入研究主题的重要途径，但在阅读时可以合理地跳过这部分内容；或者，你自己如果是转录者，则可以直接在转录时就忽略掉闲谈的内容。在浏览和琢磨访谈资料时，把研究问题写在方便看到的地方不失为一个有益的做法。在分析的整个过程中不时回顾你的研究问题，可以帮助你始终保持研究的焦点。

（2）使自己沉浸在资料中（反复阅读，深谙于心）是实现高质量分析的有效途径。埃斯特伯格将此过程称为"与你的资料建立亲密关系"（Esterberg, 2002：157）。倘若对资料没有足够熟悉，你将无法完成出色的分析。一些研究者处理访谈资料期间喜欢在开车或闲暇时播放录音，这也是资料熟悉过程的一部分。另一些人则喜欢至少在每个工作日花一部分时间来阅读访谈记录和做好笔记，然后才投入其他的工作任务之中。亲自进行访谈转录也是与资料建立亲密关系的好办法。无论选择哪种方式，对材料的充分了解都会降低使分析陷入"摘樱桃"谬误（cherry-picking）的风险，即刻意挑选那些与既有文献或者事前预设相吻合的材料作为分析的依据。好的分析将使你建立能够有力回答研究问题的论点论据，同时能够充分考虑到内容含义的细微差异以及经验资料的异同之处。当你真正熟悉了资料并沉浸其中较长时间以后，你可能会在一些最不经意的时刻产生思想火花（例如，洗碗的时候或者梦中惊醒后的凌晨两点）。请务必记录下这些突如其来的想法，因为它们可能对你要进行的研究分析非常重要。与此同时，正如贝兹利（Bazeley, 2013）所提醒的那样，这些"啊哈"时刻并不能替代你对资料进行持续钻研来完善和验证观点的工作。也就是说，你需要投入必要的时间来仔细检验在你脑海中形成的可能有悖于真实

第 12 章　意义构建：资料管理、分析和报告

材料的预判和印象。

（3）将想法与文献联系起来进行反复推敲。质性资料分析被称作一个迭代的过程，因为它涉及在收集的实际资料与参考的社会研究和理论之间不断相互反馈的过程。你始终会在参考既有研究的前提之下来理解你的资料。正如你借助回顾相关文献来建立研究框架和形成最初的研究问题一样，在理解和诠释经验资料的过程中你也将回到文献中去。这并不意味着你只需要将研究发现归入文献中既已存在的类别或概念之中就万事大吉，而是需要在你的资料和相关文献之间建立某种对话，从而做出你自己的研究贡献。

初步探索

在资料探索的初始阶段（有时称为"开放式编码"）需要对材料进行集中阅读，将所有看起来有意思的内容都标记上描述性的注释或编码。编码工作即研究者根据自己的理解来给某一段落或片段加上标签。如贝兹利（Bazeley，2013）所言，这一标签或编码既可以作为一种描绘资料的方式，也可以作为一种链接方式来访问其他有着类似标签的资料。在主题分析或话语分析中按相似编码进行资料归类并逐步改进这些编码最终生成易于管理和具有启发性的编码集合，是探寻研究问题答案的必经之路。在生活史和个人叙事分析中研究者所面对的是个人的传记资料或生活故事而非访谈资料集，但这并不影响开放式编码对研究者理解资料所起到的作用。

贝兹利（Bazeley，2013）将这个初步探索阶段描述为由"阅读、思考、玩味和探索的策略"组成的一个阶段，它将帮助你熟悉资料和找到感觉。她鼓励研究人员在进行这项工作的方式上充分发挥创造力。例如，除了在资料文本或打印副本上添加注释（见图 12.1），绘制微型图示或连接线来表示关系，记录与已读文献相呼应的概念或事件等常见办法以外，你还可以尝试下面这些方法：

IN46 4.4.12.	第 5 页	
	把注意力放在你的最终目标上，不要忘记我们为什么要来品读这些废话一样的文字。	最终目标＝给孩子取名，这样说更加具体实在
主持人：	名字是否能够代表一个已经出生的<u>真实孩子</u>？	是的
被访者：	是的，在我们看来是这样的。这些名字并不是从任何书上凭空跳出来的——我的意思是名字显然存在于书中但我们恰好遇见了它们——我的伴侣并不是在一个时间想到所有这些名字。取名书只是这个过程的一个部分，并且它是——我们都知道，<u>这需要进行很多的思考</u>。我们两个可能都有一点——倒不是焦虑，而是有些紧张，怕选了一个将来会不喜欢或者被别人以某种我们不喜欢的方式称呼的名字。我们明白，特别是当孩子上了学以后他会怎么样去展示自己的名字，或者其他的孩子会怎么样称呼他，都不是我们所能全权控制的，但是我们还是想要去——<u>可能我们想得有点多</u>，不过我们还是不希望太过轻率地去选择一个名字。也正是因为在构思上并没有那么容易，我们也没有很快确定孩子的名字，而是花了很长的时间。	找到取名的参考来源 错误选择的后果 在学校使用的名字 做决定的过程
主持人：	那么，给孩子选名字有什么重要的地方呢？	好问题
访谈者：	哦，老天，太多了！我认为名字可以起到非常具有决定性的作用，好的或者坏的。特别是当你和别人见面之前，可能你已经围绕人家的名字对他建立了一大堆的假设，当然具体取决于你自己的背景情况。这些假设在许多情况下是完全不恰当的，可能充满了各种各样的假想和评判以及所有这类东西，但是我觉得这就是人类的现实情况，而且我知道自己也是<u>这样做的</u>。有时父母挖空心思给孩子取一些新颖的名字会备受讽刺，主要是在公共领域中，比如新式的拼写，或对常规名字做一些修改——把五个字母变为八个字母，听上去一样但看起来却别具一格，差不多那一类的感觉。	名字作为身份 错误选择的后果 评价他人的取名

图 12.1　添加注释的资料文本示例

- 用简短的语言概括资料源中描述的人物、事件或情形。
- 将文字记录或其中的一部分改编成一首诗，尽可能使用参与者的话语。
- 找到资料中令你感到困惑的问题来帮助你推进分析。你可以使用日

第12章 意义构建：资料管理、分析和报告

志就这一问题虚构一场你和同事之间的对话，在其中让同事向你提出有助于澄清疑点的问题。

这些技巧旨在促进思考和帮助你沉浸于材料之中。如果你使用的是主题分析法，那么你的编码方案将会在这一初始阶段形成。你会希望你的编码或类别产生于现实的资料，而非来源于对预设方案的僵化应用。尽管此时你可能会因无法确切领会所有内容的含义而备感困惑，但是在此阶段你将开始产生重要的想法。不要因为这种困惑而感到灰心丧气！你可能会觉得自己正在泥泞中跋涉，但这是一个必不可少的阶段，最终将会过去。

你可能希望在打印出来的文字记录上做手写笔记或利用文字处理程序的注释框在电子版本上添加笔记，或者使用质性分析专业软件中提供的非结构化"节点"（nodes）。许多研究者仍然喜欢使用被叫作"钢笔与铅笔"（pen and pencil）的方法，即把文本材料打印出来并将初步的注释和编码类别写在纸版记录上。有些人习惯使用荧光笔或彩色便签来标记文本的某些特征。同样，在电子文本中你也可以利用文字处理程序中的虚拟便签功能来显示特定的内容。

改进分析

经过初步探索阶段你已经熟悉了你的资料，下一步你将开始琢磨整个资料集所包含的基本类别以及使某些个案看起来与众不同的背后原因。你如果在从事主题分析或话语分析，那么通过编码来识别资料中的一组主题或话语将是一项重要的工作。请记住编码只是一种解释的手段，而不是目的。随着分析的继续你需要找到一种方法来优化编码方案，从而使你更加趋近于形成完整的立论（见专栏12.4）。需要强调的是你的论点正是你研究问题的答案，因此在改进分析的同时请务必将这一点牢记在心〔关于如何在质性研究中构建论点，请参见梅森（Mason，2002）的精彩讨论〕。

专栏 12.4

检视和改进编码方案的策略

- 将全部编码作为一个整体来进行检视，只需要简单地列出它们。它们在多大程度上反映了你的研究焦点？把编码表展示给其他并不熟悉研究项目的人，他们是否能够根据这些编码判断出你的研究主题是什么？圈出那些看起来特别重要的编码，而对于那些不太清楚或者可能不太需要的编码再做进一步的研究。
- 如果编码太过宽泛而无法用于分析，请检视其内容并加以提炼。
- 使用树状结构从概念上对编码进行分组并定期加以修改。
- 在编码本中定义每个编码。这样做将促使你厘清编码所代表的资料。对那些不能被当前编码恰当反映的资料片段进行重新编码。
- 合并具有相同或相似含义的编码。
- 使用计算机辅助质性资料分析软件（例如 NVivo），上述的优化工作将变得更为简单。

备忘录

撰写备忘录（Memos）是许多质性研究者用以改进分析的技巧。在深入思考如何从编码到主题，再到回答研究问题的整个分析过程中，随时记录下产生的想法可谓是一种经验之策。埃斯特伯格（Esterberg，2002）将备忘录描述为研究者写给自己的信件或便笺，用以帮助他们理解研究的资料。分析的思路可以产生于我们整理和形成看法的过程之中，这个过程可以通过写作而不仅仅是编码来实现。在初步探索和改进分析的阶段中产生的备忘信息可能会进入撰写学位论文、期刊文章或报告的过程。

使用计算机辅助质性资料分析软件

许多质性研究人员使用专业的计算机软件来辅助分析过程，特别是当

第 12 章 意义构建：资料管理、分析和报告

他们的研究基于主题分析和某些形式的话语分析时。市面上有许多种不同的应用程序，它们的可用性和复杂性程度有所不同（有关示例请参见表12.2）。就最基本的方面而言，计算机辅助分析可以帮助研究人员完成对大量素材的管理和编码工作。其查找、检索和编码功能相比使用"笔和纸"的方式要高效得多，尤其是对于跨地点合作的团队项目而言。这类程序的最新版本可以实现对音视频和文本文件的存储和分析，它们还可以生成能够显示和超链接编码或主题关系的图表，从而为研究人员在资料编码的基础上进行理论构建提供协助。

表 12.2　流行的计算机辅助质性资料分析软件包及其网站

NVivo	www.qsrinternational.com/products_nvivo.aspx
ATLAS.ti	www.atlasti.com/index.html
HyperRESEARCH	www.researchware.com/products/hyperresearch.html
MAXQDA	www.maxqda.com/
Transana	www.transana.org/

计算机辅助质性资料分析软件（CAQDAS）并不会代替你进行分析，正如文字处理程序不会教你如何撰写一篇好的论文或报告一样。因此，在尝试使用分析软件之前，你首先需要知道如何进行质性分析。这些程序作为工具可以协助你完成一系列不同的任务：存储和处理资料；将资料分解为可管理的编码或片段并提供比较；查找以及检索关键词和术语；比较和折叠已编码片段；制作有助于理解资料的图表和模型。

计算机辅助质性资料分析软件可以用于对资料进行初步探索，也可以使编码方案的优化工作变得更加简便快捷。例如，在NVivo程序中编码被称为"节点"，一旦将它们导入程序NVivo就可以自动创建节点并将其分配给文本块。节点可以是"自由"的或未分组的，也可以是树状的和分层的，这意味着可以创建独立的编码，也可以创建根据条件排序或嵌套的编码。在资料的初步探索阶段通常使用自由节点，随着分析的推进通过分层结构和树状结构来阐明这些编码之间的关系。此外，创建图表也能帮助你描绘编码之间的关系，并根据分析来完善或构建理论。

> **专栏 12.5**
>
> ### 使用 NVivo 改进分析
>
> 莫瓦特（Mowat，2013）使用 NVivo 程序对她的资料进行了初步探索，然后在此基础上识别了有关 SlutWalk 抗议游行的媒体报道中包含的一组关键话语。在初步探索阶段之后，她将编码大幅减少到了七个看起来能够代表澳大利亚媒体关于 SlutWalk 游行报道的主要话语，包括"个人责任""后女性主义""司法体系""女性性行为""战争中的女权主义""外表政治"和"SlutWalk 作为一场虚空的媒体盛宴"。莫瓦特随后决定，将之前被编入"司法体系"编码之下的许多评论员言论作为宣称女性个人应为其性侵犯遭遇负责这一更大的话语体系的一部分，并且通过在 NVivo 中进行重新编码来反映这一调整。接下来，莫瓦特将"后女性主义""女性性行为""外表政治"和"SlutWalk 作为一场虚空的媒体盛宴"这些编码重新整合为"信奉父权主义"这一新的类别，因为经过再三考虑她认为后者能够更好地概括"背叛"或被同化这些在之前的编码下频繁出现的话语。

图 12.2 中的屏幕截图来自 NVivo，显示了沃勒在其关于家庭互联网使用的博士论文中最终使用的节点结构。经过不断地对节点进行重新排序、移动、拆分和组合成她认为有意义的组别，她最终得到了三个主要分组：自我行为、家庭行为和互联网行为。她论文的主要论点是，互联网、家庭和个人有着各自的表现方式。此外，她的论文还对它们的交互表现进行了实证考察。

计算机辅助质性资料分析软件也受到了一系列的批评，包括费用问题以及资料去背景化或者说过于强调资料集比较而忽略在单一访谈或其他文本资料内部进行比较的趋势。就费用问题而言，现在许多大学都购买了一些流行软件的使用许可并向师生提供软件使用方面的培训。而去背景化的问题也随着各类程序的功能升级而得到了改善。大多数计算机辅助质性资料分析软件的最新版本都能方便地进行"文本内"和"跨文本"搜索，同时也能支持在原始上下文中以及分段形式下查看数据资料。

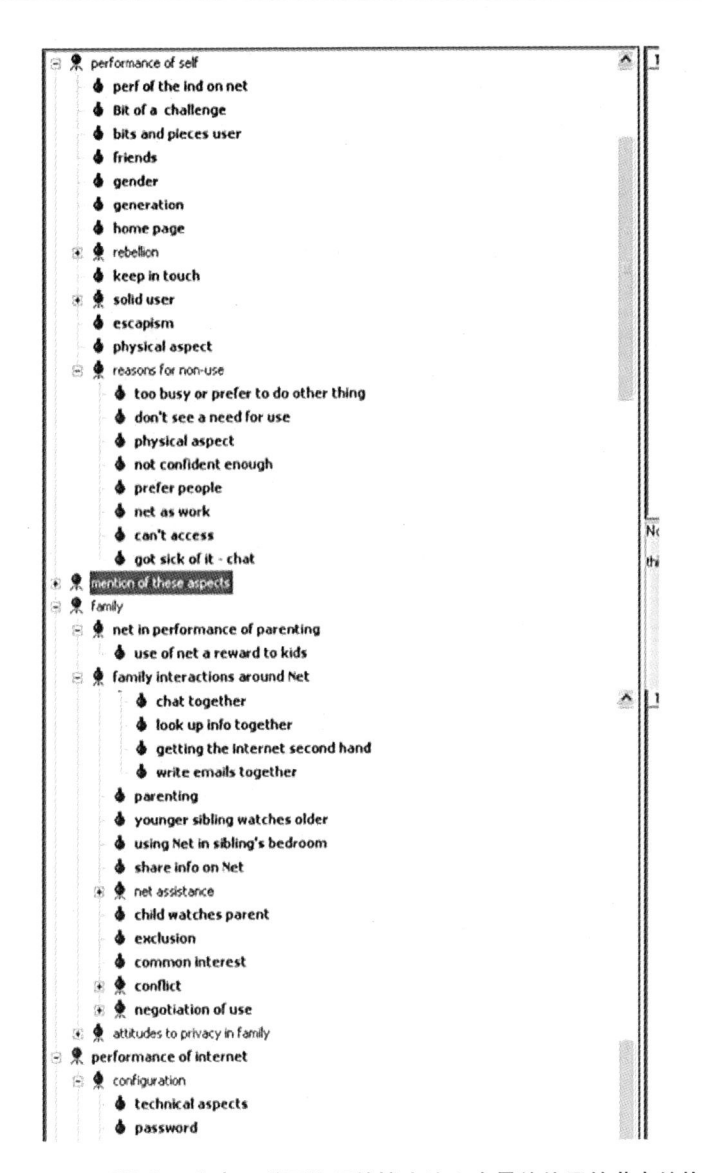

第 12 章　意义构建：资料管理、分析和报告

```
performance of self
    perf of the ind on net
    Bit of a challenge
    bits and pieces user
    friends
    gender
    generation
    home page
    rebellion
    keep in touch
    solid user
    escapism
    physical aspect
    reasons for non-use
        too busy or prefer to do other thing
        don't see a need for use
        physical aspect
        not confident enough
        prefer people
        net as work
        can't access
        got sick of it - chat
    mention of these aspects
family
    net in performance of parenting
        use of net a reward to kids
    family interactions around Net
        chat together
        look up info together
        getting the internet second hand
        write emails together
    parenting
    younger sibling watches older
    using Net in sibling's bedroom
    share info on Net
    net assistance
    child watches parent
    exclusion
    common interest
    conflict
    negotiation of use
    attitudes to privacy in family
performance of internet
    configuration
        technical aspects
        password
```

图 12.2　沃勒关于家庭互联网使用的博士论文中最终使用的节点结构

专栏 12.6

计算机辅助质性资料分析软件的可能与不可能

软件可以做到以下方面：

- 进行结构化的工作，能够随时访问项目的所有部分。
- 实现"与资料保持亲密关系"的交互性，允许即时访问资料的源文件（例如文字记录）。
- 进行资料查找，通过使用工具搜索文本中的字词或短语。
- 提供编码和检索功能，创建编码和检索文本的已编码部分。
- 通过合并、拆分和移动编码，轻松完成编码重组。
- 进行项目管理和资料组织。
- 通过查找编码关系来搜索和查询资料库。
- 提供写作工具，包括备忘、评注和注释。
- 输出结果，生成报告以供阅览纸质副本或者导到另一个文件包。
- 帮助实现资料可视化，通过某些软件（例如，文字云）对资料进行创造性可视化处理。

软件不可以做到以下方面：

- 代替你进行分析性思考，尽管它可以做一些有助于你思考的事情。
- 代替你进行编码，因为你始终需要决定以何种方式提炼哪些编码（有些软件支持对文本搜索结果进行自动编码，但是你仍然需要检查自动编码的内容并手动完成其他编码）。
- 减少偏差、提高信度或者独立地提高分析质量（尽管它确实具有辅助提高分析质量的功能）。
- 告诉你如何分析资料。

资料来源：Adapted from Lewins, A. and Silver, C. 2009.

基于团队的质性资料分析

如今，很多研究都是以团队为单位开展的。这就引发了一个问题，即团队成员如何合作进行质性资料分析，尤其是在编码过程中的合作。围绕团队合作编码的讨论通常强调，研究者就编码的含义达成共识并追求一致性是十分重要的。如第2章所述，编码者间信度的概念来自实证主义研究传统，

第 12 章　意义构建：资料管理、分析和报告

指的是确保研究人员对编码类别采用相同的定义并以相同的方式应用它们的过程。提升编码者间信度的实践包括仔细定义编码并使编码含义为研究团队全部成员所了解；围绕已编码的资料段进行团队编码会话，旨在确保编码类别得到一致应用。对于秉持后实证主义假设的研究者而言，更高的编码者间信度意味着分析过程是稳健的并且对资料的解释是可靠的。在编码指导足够清晰，编码者得到适当培训，编码方案完成测试，并且编码者认真细致的条件下，较高的编码者间信度是可以得到保证的。

从建构主义和批判主义的角度来看，基于团队的质性分析过程能否满足这种一致性标准是一个很难不令人质疑的问题。按照这种观点，即便进行了再多的标准化程序培训都无法消除"研究者即为研究工具"（researcher as instrument）的影响，每一位研究者都在研究过程中带入了自身独特的社会经验和定位。在这些研究范式中团队编码实践更普遍地被理解为一种社会建构的过程，以团队不同成员之间的讨论和协商为基础。桑德斯和库尼奥（Sanders and Cuneo，2010：327）称其为"社会信度"，并将基于团队的分析视为"一个社会过程，在此过程中团队成员的个人背景以及理论和方法论偏好在研究者基于编码而形成的社会关系中彼此相互作用"。换言之，当团队成员参与分析讨论时他们将表达赞同和否定意见，彼此劝说，甚至有时相互施加压力以令他人接受自己的观点。

分析与写作

正如在质性研究中资料的收集和分析不是相互分离的过程一样，将分析与写作分开也是错误的。在某些形式的质性分析例如生活史和个人叙事研究中，分析可以在围绕研究问题撰写传记历史或者时序性叙事的过程中产生（请参见第 11 章）。即使主题分析的过程相对而言更加机械化，即首先对资料块进行编码进而逐渐改进编码方案的过程，最终的分析与论点实际上在根据修改的主题撰写结果之时就已经同步开始了。正是因为两者并

非是互斥的过程，我们鼓励你留出充裕的时间来进行细致的分析与写作。

基于质性研究撰写论文、报告和文章

　　质性研究的结果可以通过多种形式进行撰写。你可能希望完成一份方便相关社区阅读的报告，供评审专家审阅的学位论文，提交给政府或业界有关部门的报告，或者向同行评议学术期刊投稿的文章。从批判主义视角来看，社区报告或传播研究结果的其他途径通常很重要，因为它们可以使被研究者了解研究结果并以某种方式潜在地受益。在撰写研究结果时，聚焦的内容应始终以研究问题或其子问题为导向。此外，研究的受众也是一个需要考虑的因素。

　　对结果部分的组织应围绕主题下的子标题进行，它们通常来自你在分析中使用的编码类别。你应当尝试以契合于研究方法的方式来为你的研究发现编写合理的"故事"。在质性研究报告中，这通常涉及对参与者的叙述或文本的恰当使用。在讲述这个故事时你需要做的是比较和对照不同的回答，结合相关主题下的研究文献突出强调其中的相似与相异之处。在报告质性资料时，我们强烈建议不要使用百分比的形式。"百分率"一词从字面来看含有"100个单位中的"之意，而你能够报告100多个案例的可能性很小。请仔细考虑在你的研究报告中是否适合使用数字。准确统计有多少人说过什么话常常无关于你的焦点问题，因为你报告的数字可能很小。此外，使用数字还会鼓励读者将注意力集中在数字上，而不是你讲的故事上。如果你确实希望提及数字，那么我们建议你采取以下方式，例如："来自澳大利亚的七位参与者中有四位说……""在接受访谈的十二位女士中，除了一位其余者都这样解释道……"

　　不同的研究方法要求采用不同的方式来撰写结果（见专栏12.7）。例如，你如果进行生活史或叙事研究，通常就会在你的研究报告中引用更少数量但更长篇幅的故事。你可能会将某些故事整体纳入进来作为说明性的

第 12 章　意义构建：资料管理、分析和报告

例证。重要的是对于为何选择这些故事给出充分的解释，是因为它们十分典型或非典型，还是它们呈现出关乎主题的诸多可能性？在自我民族志或包含自我民族志成分的研究项目中，研究者通常会从自己的故事中提取一些元素与参与者的故事一起写入文本。毋庸置疑，对于立足于建构主义传统的研究者而言，表达多种观点和声音可以更真实地反映社会经验的复杂性。

在报告主题分析结果时你需要引用收集到的资料来阐释报告的主题，这一点很重要。围绕你意图说明的主题进行讨论是不可或缺的工作，因为许多材料的含义并非是不证自明的。为你的读者引用足够多的资料，使他们能对相关情形和背景做出合理的评估，这不仅是有益的，而且是合乎研究伦理的。一些研究者会尝试尽可能地将访谈的提问也包括进来，或者说明参与者所述内容是否受到了某些提示，因为这会影响我们如何理解话语的含义。

专栏 12.7

组织质性研究报告的传统模式

背景：介绍性段落，为说明研究的重要性、时事性或及时性提供必要的背景信息（以一则与研究主题相关的逸事或故事及对相关性的解释作为报告、文章或论文的开篇将会是一种不错的安排）。

文献综述：有关撰写文献综述的提示，请参见第 3 章。你如果已经在撰写研究计划书时完成了一份文献综述，那么此时可能需要对其进行重新加工，使其架构更加适合于你的研究结果。文献综述应该为论证你的研究问题为何重要而提供支撑，并在结尾部分提出研究目标和研究问题。

方法论：包括对方法、伦理议题、抽样、招募、对研究过程的反思（包括其中出现的问题以及你的应对方式）等方面的讨论。在下述标题之下描述你的做法：

> - 方法（你是否实施了访谈？焦点小组？文本分析？对你的访谈主题以及事先进行的任何试研究给出全面的描述。）
> - 伦理议题（你采取了哪些措施来保护研究的匿名性和保密性？你预期的问题与实际发生的事情有什么不同？你如何在研究结果的报告中保障参与者的匿名性?）
> - 抽样（你选择参与者或文本的标准是什么？这种方法有哪些优缺点？）
> - 招募（你通过什么办法找到参与研究的人？）
> - 分析方法（例如，话语/主题分析或叙事分析等。）
>
> **结果**：对研究发现的分析，按照主题结构来组织（在质性研究中，此部分通常会涉及对原始资料的引用）。
>
> **讨论**：结合已有文献对研究结果的含义和局限做出讨论。例如，是否以你预期的方式回答了研究问题？研究产生了什么理论？研究结果是否存在不确定性？最好这样说（肯定不确定性的存在）。研究结果的主要启示是什么？
>
> 在许多质性研究报告中，结果和讨论部分没有被区分开来。
>
> **结论**：对主要发现和论点的总结。

结语

　　分析和写作展现的是你的个人色彩以及你的概念化技能：有技术和流程可依，但没有公式可套用。无论你的项目或方法是什么，一旦完成了实地工作或资料收集都需要尽快地熟悉自己的资料，认真思考其含义，在经验资料和相关文献之间反复推敲琢磨，确定回答研究问题的最佳路径，并将结果报告给相关受众。这构成了质性分析的"实践逻辑"，其中你会不可避免地遭遇一些两难困境，需要你运用自己的判断来进行权衡取舍。此时，尝试回归到研究所立足的价值观和信念将会有助于你做出选择。

计算机可能是一个非常有用的组织工具，能够在分析的过程中起到辅助作用。它可以帮助你管理数量巨大的数据资料，并将它们组织成易于检索的编码系统。与此同时，"钢笔与铅笔"的方法依然有其用武之地，这种方法对于小型的项目来说可能是极其重要的。最后，你如何撰写研究报告将取决于问题的目标、希望覆盖的受众、使用的方法以及材料的类型。换言之，它将由研究所追随的基本范式决定。请始终以敏锐的目光来认识你的资料，让它们在你的写作中大放异彩。

阅读延伸

Bazeley, P. (2013) *Qualitative Data Analysis: Practical Strategies*. London: Sage.

一份非常详细的关于计算机辅助质性资料分析软件的指南，其中包含了许多工作示例。特别适合于有兴趣深入了解计算机辅助质性资料分析软件功能的读者。

Becker, H. S. (1998) *Tricks of the Trade: How to Think about Your Research While you are Doing It*. Chicago, IL: Chicago University Press.

一部深入浅出地论述质性研究"实践逻辑"的经典著作，同时也提供了写作方面的实用技巧。

Bird, C. M. (2005) 'How I stopped dreading and learned to love transcription', *Qualitative Inquiry*, 11 (2): 226-248.

研究者亲自转录资料对分析来说具有什么样的价值？该文对此展开了有趣的讨论。

Clarke, A. (2005) *Situational Analysis: Grounded Theory after the Postmodern Turn*. Thousand Oaks, CA: Sage.

情境分析是扎根理论的建构主义延伸。该书吸收了情境知识的思想，并且明确地将话语和非人类角色纳入分析中来。

176 Hesse-Biber, S. and Leavy, P. (2011) *The Practice of Qualitative Research* (2nd edition). London: Sage. Chapter 12.

该书第 12 章为分析过程中的备忘录写作提供了非常实用的示例。

Mason, J. (2002) *Qualitative Researching* (2nd edition). London: Sage. Chapter 9.

梅森在该书第 9 章对质性资料分析过程特别是分析的后期阶段涉及的概念性工作做出了细致全面的说明。

第13章

不同方法的结合

本章内容

- 不同范式的结合
- 不同质性方法的结合
- 结语

我们在本书的开篇概述了研究活动背后的不同价值观和信念。然后,我们讨论了支撑一项质性研究的基本价值观与信念如何影响或决定了研究方法的选择以及研究者必须处理的各种日常研究决策。这一分析框架旨在帮助你对使用任何质性研究方法所涉及的问题做出自己的批判性评估,并能够在使用质性研究时证明自己所做决策的合理性。当然,它还可以帮助你评判其他研究的质量。我们提出的分析框架旨在为你提供了解这一研究领域的途径,然而它们并不一定准确描述了现实世界中的活动。我们已经清楚地说明了"后实证主义""批判主义"和"建构主义"都属于理想类型的概念,而在实践中研究者所开展的工作可能会与一种以上的理想类型相符合。除此以外,一个研究项目中也可能包含多项超越单一理想类型的研究实践。

在本章中，我们将针对这些情形发表一些看法。首先，我们将讨论如何在一项研究中融合不同的范式。然后，我们以民族志为例就如何在一项质性研究中结合使用不同的质性研究方法做出探讨。

178 不同范式的结合

我们在第1章中描述了量化研究如何以实证主义的价值观和信念为指导，而质性研究则可以建立在后实证主义、批判主义或建构主义的价值观和信念的基础之上。实际上，许多大型研究项目既包含质性研究也包含量化研究的成分。例如，有关人们如何看待健康促进措施的研究就可能包括对这些态度的定量调查以及进行深入挖掘的焦点小组。就研究潜在的价值观与信念而言，这类研究项目的各个部分是不一致的。但是，这并不会损害研究项目的整体性。这意味着基于不同范式进行的研究工作并不具有通约性，也就是说它们无法以同一项标准接受衡量。每种类型的研究只能在其所持研究范式的内部进行衡量。以下有关宗教价值和信仰的比喻应该能够说明这一点。

一些人笃信某种宗教，但并不认为自己垄断了真理。他们可能会承认其他宗教所包含的真理，如以下穆罕默德·阿里（Muhammad Ali）所说的话："河流、池塘、湖泊和溪流——它们拥有不同的名称，但它们都含有水。就像宗教一样——它们都包含着真理。"

同样，我们要认识到每种范式下的研究对知识的贡献。基于不同范式的研究不需要具有通约性，即可被相同的标准衡量。相反，每种范式的研究对真理或知识所做的贡献都应被看见和承认。

然而，陷阱也同样存在。一些宗教信徒会认为自己是唯一真正的宗教的捍卫者，而其他宗教则不具有合法性。正如某些实证主义者和后实证主义者认为自己才是普遍真理的拥护者，而主张批判主义或建构主义范式的研究是不合法的。这一后实证主义思潮在当前大有上升之势（Denzin,

第 13 章　不同方法的结合

2010a, 2010b), 有时会被冠以"科学为本的研究"(scientifically-based research) 或"证据为本的研究"(evidence-based research) 之名。

在本书中我们力图证明价值观和信念是每种研究方法的根基, 而实证主义、后实证主义、批判主义或建构主义都无法拥有对正当研究方法的垄断。我们还认为, 研究的质量取决于是否以可靠、符合伦理和有效的方式产生和解释数据资料, 并且关于信度和效度的理解会因研究范式所持基本价值观和信念的不同而有所不同。

当一项研究的不同部分受到不同范式的指引时, 随之而来的问题在于假如使用不同的研究方法产生了截然不同的故事, 应当如何处理呢? 如第 2 章所述, 对于应用不同的研究手段可能得到的研究结果, 我们应当抱有差异化的期待。矛盾或者冲突的资料并不构成问题, 恰恰相反, 它向我们表明了进一步探究这些差异如何产生和存在的必要性。再者, 诚如我们第 7 章的专栏案例所示, 资料中出现的矛盾或冲突可能只是反映了我们生活世界里的错综复杂和众说纷纭。

不同质性方法的结合

在一些情况下我们可能会希望将不同的质性方法结合起来使用。一种可能是将不同的方法和范式相结合, 如前文所述; 另一种可能则是在同一范式内部实现质性方法的结合。民族志研究或民族志就是这样一个例子。

民族志通常是指针对特定地点或环境展开的深度质性研究。从最基本的构成来说民族志包括了参与观察和访谈, 并且可以非参与观察和文献研究作为补充。民族志通常包括一段主题性的历史, 结合历史脉络以及通过参与观察和访谈收集的其他证据来诠释该主题。

拜伦·古德在《医学、理性与经验: 一个人类学的视角》(Good, 1994) 中提供了一个民族志的例子。在这项研究中古德利用参与观察和访谈的方法来了解学生在哈佛医学院就读的经历, 以及这一经历如何塑造他们的医学观念和实践。这项研究被置于一个更广泛的背景之下，包括美国医疗卫生服务的供给、医学模型及其对疾病和身体的看法、医学研究和培训中科学方法的主导地位等多个方面。古德发现医学训练从根本上改变了学生看待身体的方式。他进一步指出，医学培训植根于地方特有的文化习俗之中。

结合使用不同质性方法的好处在于，它们为你提供了探索研究主题的多元视角。访谈可以告诉你人们关于该话题的理解；参与观察可以令你获得切身的体验；观察可以使你看到人们的行为与活动，但却无法告知你这些行为与活动的意义；文献可以向你传递它所包含的内容，但通常不能说明它被创作的缘由或者面向哪些受众。例如，你如果对研究穆斯林领袖是否、如何、为何试图塑造他们的媒体形象以及他们使用的策略成功与否富有兴趣，就可以对他们进行访谈和询问，这可以在一定程度上揭示他们对此采用的策略［有关此方法的示例，请参见相关学者的研究（Haghighat, 2013）］。现场观察穆斯林领导人的行动或参与他们的策略制定可能是困难重重的，除非你是一位内部人士。但是，你可以采取访谈与媒体分析相结合的方式来考察他们所使用的策略是否在媒体对穆斯林和伊斯兰教的形象刻画上显现出其影响力。由此，你将获得两种资料来源，能够用于回答研究问题的不同方面。

将质性方法进行新颖的和/或创造性的结合并加以灵活运用，能够为探索人类互动的复杂性和多面性提供有力的工具。例如，杰姬·加布（Gabb, 2008）曾提出一个富有说服力的主张，她强调在研究家庭或代际关系时为了尊重儿童和成人在沟通方式和能力上的差异，我们需要运用创造性的方法。举例来说，加布开发了一个情感地图，方便家庭中的儿童和成人能够就亲密家庭经历进行有效的交流。这是一种创造性运用表情符号贴纸的研究方法，适合不同年龄和文化程度的家庭成员用以传达他们的感受。在加布看来，巧妙结合情感地图、家庭成员访谈以及受孩子欢迎的其他研究技术（例如绘画），能够激发对具有敏感性和情感挑战性的话题进行批判性反思和对话。

与融合不同范式的研究相似，通过不同的质性方法收集到的资料也是

第 13 章　不同方法的结合

不可通约的，即使它们完成于同一研究范式之下。尽管可以将这些资料组合在一起为研究主题提供一个更加全面的视野，甚至可以使用相似的主题类别对它们进行分析，但是不应将它们混为一谈，因为不同的方法测量不同的事物。

前文中古德（Good，1994）的研究似乎建立于建构主义范式的基础之上。的确，他将自己的研究定位在实证主义的框架之外。但是，我们没有理由认为民族志研究必定不能从后实证主义的角度来进行。在本书中我们始终持有这样的观点，即尽管研究所立足的基本范式塑造了研究的问题和方法，但质性研究的许多技术都可以在这三种研究范式中任何一种的框架之下使用。

结语

本书以研究范式作为统领全书内容的基本框架，即关于研究的价值观和信念。尽管我们重点概述了一些更为常用的质性研究方法，但我们同时希望为你提供一个概念性的工具，以助你在未来使用质性研究的任何方法时都能更加得心应手。无论使用哪种方法，本书阐述的原则都可以为你提供指导。利用前两章提供的分析框架，你可以对本书未能涵盖的任何质性研究方法的应用问题做出自己的批判性评估。你需要赋予研究足够清晰的基本原理，这意味着要对支撑这项研究的基本价值观和信念了然于心。只有这样，你才能恰当明确地提出一个适合于质性研究的研究问题。也只有这样，你才能针对研究设计、抽样、你与研究参与者的关系以及资料分析等一系列问题做出妥当的安排，并朝向做出有益的、符合伦理的、可靠的以及有效的研究而迈出步伐。没有一本"魔法菜谱"可以让初学者只需通过机械的模仿就能做出优质的研究。作为质性研究者，你需要在研究过程的所有阶段都充分调动你的批判性思维技能。

最后，祝愿你生活愉悦，成果丰硕！

参考文献

American Sociological Association (1999) *Code of Ethics and Policies and Procedures of the ASA Committee on Professional Ethics*. Washington, DC: American Sociological Association.

Atkinson, P. and Hammersley, M. (1994) 'Ethnography and participant observation', in N. Denzin and Y. Lincoln (eds), *Handbook of Qualitative Research*. Thousand Oaks, CA: Sage. pp. 248–61.

Australian Bureau of Statistics (1998) *The Aboriginal and Torres Strait Islander Population of Australia – Census Counts, Concepts and Questions in the 20th Century*, Australia. cat. no. 1301.0. Canberra: ABS.

Australian Bureau of Statistics (2014) *Household Use of Information Technology*, Australia. cat. no. 8146.0. Canberra: ABS.

Australian Institute of Family Studies (2014) *Reporting on Sexual Assault Media Backgrounder, AIFS Australian Centre for the Study of Sexual Assault*. Available at www.aifs.gov.au/acssa/media/index.html (last accessed 29 September 2014).

Babbie, E.R. (2007) *The Basics of Social Research*. Belmont, CA: Thomson Wadsworth.

Bazeley, P. (2013) *Qualitative Data Analysis: Practical Strategies*. London: Sage.

Becker, H.S. (1988) *Tricks of the Trade: How to Think about Your Research while You're Doing It*. Chicago, IL: University of Chicago Press.

Berg, B.L. (2001) *Qualitative Methods for the Social Sciences*. Boston, MA: Allyn and Bacon.

Blaikie, N. (2007) *Approaches to Social Enquiry: Advancing Knowledge*. Cambridge: Polity.

Blee, K.M. (1998) 'White-knuckle research: emotional dynamics in fieldwork with racist activists', *Qualitative Sociology*, 21 (4): 381–99.

Bogdan, R. (1974) *Being Different: The Autobiography of Jane Fry*. New York: Wiley.

Bourdieu, P. et al. (eds) (1991) *The Craft of Sociology: Epistemological Preliminaries*. Berlin: Walter de Gruyter.

Bowker, N. and Tuffin, K. (2002) 'Disability discourses for online identities', *Disability and Society*, 17 (3): 327–44.

Bowman, D.D. (2007) 'Men's business: negotiating entrepreneurial business and family life', *Journal of Sociology*, 43 (4): 385–400.

Bowman, D.D. (2009) 'The deal: wives, entrepreneurial business and family life', *Journal of Family Studies*, 15 (2): 167–76.

Burke, H. (2011) 'Using an external agency or individual to transcribe your qualitative data', Realities Toolkit #15, Morgan Centre, University of Manchester. Available at www.socialsciences.manchester.ac.uk/morgancentre/methods-and-resources/toolkits/toolkit-15/ (last accessed 9 September 2014).

Burke, H., Jenkins, L. and Higham, V. (2010) 'Transcribing your own qualitative data', Toolkit #8, Morgan Centre, University of Manchester. Available at www.socialsciences.manchester.ac.uk/morgancentre/methods-and-resources/toolkits/toolkit-8/ (last accessed 9 September 2014).

Butler, J. (1990) *Gender Trouble: Feminism and the Subversion of Identity*. New York: Routledge.
Canter, D. and Alison, L.J., (2003) 'Converting evidence into data: the use of law enforcement archives as unobtrusive measurement', *The Qualitative Report*, 8 (2): 151–76.
Carrington, C. (1999) *No Place Like Home: Relationships and Family Life among Lesbians and Gay Men*. Chicago, IL: University of Chicago Press.
Chamberlayne, P., Rustin, M. and Wengraf, T. (eds) (2002) *Biography and Social Exclusion in Europe: Experiences and Life Journeys*. Bristol: Policy.
Clifford, J. (1990) 'Notes on fieldnotes', in R. Sanjek (ed.), *The Making of Anthropology*. New York: Cornell University Press.
Couch, D. and Liamputtong, P. (2013) 'Online dating and mating: the use of the internet to meet sexual partners', in C. Hine (ed.), *Virtual Research Methods*. London: Sage. pp. 283–304.
Creswell, J.W. (2014) Research *Design: Qualitative, Quantitative, and Mixed Methods Approaches*. Thousand Oaks, CA: Sage.
Crotty, M. (1998) *The Foundations of Social Research: Meaning and Perspective in the Research Process*. Thousand Oaks, CA: Sage.
Davis, M. et al. (2013) 'Reflecting on the experience of interviewing online: perspectives from the internet and HIV study in London', in C. Hine (ed.), *Virtual Research Methods*. London: Sage. pp. 195–204.
Decuir, J. and Dixson, A. (2004) '"So when it comes out, they aren't that surprised that it is there": using critical race theory as a tool of analysis of race and racism in education', *Educational Researcher*, 33: 26–31.
Deegan, A. (2012) 'Case: stranger in a strange land: the challenges and benefits of online interviews in the social networking space', in J. Salmons (ed.), *Cases in Online Interview Research*. Thousand Oaks, CA: Sage. pp. 69–90.
Dempsey, D. (2006) 'Beyond choice: family and kinship in the Australian lesbian and gay "baby boom". Unpublished PhD thesis, La Trobe University, Melbourne, Australia.
Denzin, N. (2010a) 'Moments, mixed methods, and paradigm dialogs', *Qualitative Inquiry*, 16(6): 419–27.
Denzin, N. (2010b) *Qualitative Inquiry under Fire: Toward a New Paradigm Dialogue*. Walnut Creek, CA: Left Coast.
Denzin, N. and Lincoln, Y.S. (eds) (2000) *Handbook of Qualitative Research*. Thousand Oaks, CA: Sage.
Denzin, N. and Lincoln, Y.S. (eds) (2011) *The SAGE Handbook of Qualitative Research*. Thousand Oaks, CA: Sage.
Deutsch, N. (2012) 'Case: implementing technology in blended learning courses', in J. Salmons (ed.), *Cases in Online Interview Research*. Thousand Oaks, CA: Sage. pp. 261–9.
Dowling, S. (2012) 'Case: online asynchronous and face-to-face interviewing: comparing methods for exploring women's experiences of breastfeeding long term', in J. Salmons (ed.), *Cases in Online Interview Resea*rch. Thousand Oaks, CA: Sage. pp. 277–96.
Dowsett, G. (1996) *Practicing Desire: Homosexual Sex in the Era of AIDS*. Stanford, CA: Stanford University Press.
Ellis, C. (2007) 'Telling secrets, revealing lives: relational ethics in research with intimate others', *Qualitative Inquiry*, 13 (1): 3–29.
Ellis, C., Adams, T.E. and Bochner, A.P. (2011) 'Autoethnography: an overview', in *Historical Social Research/Historische Sozialforschung*. Available at www.qualitative-research.net/index.php/fqs/article/%0Bview/1589/3095 (last accessed 16 September 2014). pp. 273–90.
Ellis, C., Kiesinger, C. and Tillmann-Healy, L. (1997) 'Interactive interviewing: talking about emotional experience', in R. Hertz (ed.), *Reflexivity and Voice*. Thousand Oaks, CA: Sage. pp. 119–49.
Emmison, M. et al. (2012) *Researching the Visual*. London: Sage.

Esterberg, K.G. (2002) *Qualitative Methods in Social Research*. Boston, MA: McGraw-Hill.

Farquharson, K. (2005) 'A different kind of snowball: identifying key policy makers', *International Journal of Social Research Methodology*, 8 (4): 345–53.

Fielding, N. (2013) 'Virtual fieldwork using access grid', in C. Hine (ed.), *Virtual Research Methods*. London: Sage. pp. 375–93.

Fox, F.E. et al. (2013) 'Doing synchronous online focus groups with young people: methodological reflections', in C. Hone (ed.), *Virtual Research Methods*. London: Sage. pp. 319–32.

Fozdar, F. and Pedersen, A. (2013) 'Diablogging about asylum seekers: building a counter-hegemonic discourse', *Discourse & Communication*, 7 (4): 371–88.

Frank, A.W. (2010) 'In defense of narrative exceptionalism', *Sociology of Health & Illness*, 32 (4): 665–7.

Frank, A.W. (2013) *The Wounded Storyteller: Body, Illness and Ethics* (2nd edition). Chicago, IL: University of Chicago Press.

Gabb, J. (2008) *Researching Intimacy in Families*. Basingstoke: Palgrave Macmillian.

Glaser, B.G. and Strauss, A.L. (1967) *The Discovery of Grounded Theory: Strategies for Qualitative Research*. New York: Aldine de Gruyter.

Gold, R.L. (1958) 'Roles in sociological field observations', *Social Forces*, 36 (3): 217–23.

Good, B. (1994) *Medicine, Rationality and Experience: An Anthropological Perspective*. Cambridge: Cambridge University Press.

Gray, D. (2009) *Doing Research in the Real World*. Thousand Oaks, CA: Sage.

Guba, E.G. and Lincoln, Y. (1994) 'Competing paradigms in qualitative research', in N. Denzin and Y. Lincoln (ed.), *Handbook of Qualitative Research*. Thousand Oaks, CA: Sage. pp. 105–17.

Haraway, D.J. (1991) *Simians, Cyborgs and Women*. New York: Routledge.

Henley, N.M., Miller, M. and Beazley, J.A. (1995) 'Syntax, semantics, and sexual violence agency and the passive voice', *Journal of Language and Social Psychology*, 14 (1–2): 60–84.

Hesse-Biber, S. and Leavy, P. (2011) *The Practice of Qualitative Research*. Thousand Oaks, CA: Sage.

Hitzler, R. and Keller, D. (1989) 'Common-sense verstehen', *Journal of the International Sociological Association*, 37 (1): 95–113.

Holmes, M. (2011) 'Emotional reflexivity in contemporary friendships: understanding it using Elias and Facebook etiquette', *Sociological Research Online*, 16 (1): 11.

Holstein, J.F. and Gubrium, J.A. (2012) *Varieties of Narrative Analysis*. Thousand Oaks, CA: Sage.

Hookway, N. (2008) '"Entering the blogosphere": some strategies for using blogs in social research', *Qualitative Research*, 8 (1): 91–113.

Humphreys, L. (1972) 'Tearoom trade: impersonal sex in public places: issues, debates and controversies', in G. Ritzer, (ed.), *An Introduction to Sociology*. Boston, MA: Allyn and Bacon.

James, N. and Busher, H. (2013) 'Credibility, authenticity and voice: dilemmas in online interviewing', in C. Hine (ed.), *Virtual Research Methods*. London: Sage. pp. 229–44.

Jarrett, D. (2012) Fact sheet: 'The one tonne flight'. Available at: http://ecometrica.com/assets//one_tonne_flight.pdf (accessed 30 July 2015).

Joyce, Y. (2013) 'Single mother self-recorded life narratives: a method', Proceedings of The Australian Sociological Association (TASA) Conference, *Reflections, Intersections and Aspirations, 50 Years of Australian Sociology*, 25–28 November 2013, Monash University, Melbourne, Australia.

Karp, D. (1996) *Speaking of Sadness: Depression, Disconnection, and the Meaning of Illness*. New York: Oxford University Press.

Kazmer, M.M. and Xie, B. (2013) 'Qualitative interviewing in Internet studies: playing with the media, playing with the method', in C. Hine (ed.), *Virtual Research Methods*. London: Sage. pp. 175–94.

Kirk, J. and Miller, M. (1986) *Reliability and Validity in Qualitative Research*. Thousand Oaks, CA: Sage.

Kirkman, M. (1999) '"I didn't interview myself": the researcher as participant in narrative research', *Health Sociology Review*, 9 (1): 32–41.

Kirkman, M. (2001) 'Infertile women and radical feminism: conflicting narratives of assisted reproductive technology', in J. Daly, M. Guillemin and S. Hill (eds), *Technologies and Health: Critical Compromises*. Melbourne: Oxford University Press.

Ladson-Billings, G. and Tate, W. (1995) 'Toward a critical race theory of education', *Teachers College Record*, 97 (1): 47–68.

Laqueur, T. (1990) *Making Sex: Body and Gender from the Greeks to Freud*. Cambridge, MA: Harvard University Press.

Le, R. (2015) 'Risky business: understanding Vietnamese Australian women drug couriers'. Unpublished PhD thesis, Institute for Social Research, Swinburne University of Technology, Melbourne.

Lelkes, Y. et al. (2012) 'Complete anonymity compromises the accuracy of self-reports', *Journal of Experimental Social Psychology*, 48 (6): 1291–9.

LeMaster, B. (2014) 'Telling multiracial tales: an auto-ethnography of coming out/home', *Qualitative Inquiry*, 20 (1): 51–60.

Lewins, A. and Silver, C. (2009) 'Choosing a CAQDAS package', University of Huddersfield. Available at http://onlineqda.hud.ac.uk/Intro_CAQDAS/What_the_sw_can_do.php (last accessed 12 September 2014).

Liggins, J., Kearns, R.A. and Adams, P.J. (2013) 'Using autoethnography to reclaim the "place of healing" in mental health care', *Social Science & Medicine*, 91: 105–9.

Lincoln, Y. et al. (2011) 'Paradigmatic controversies, contradictions, and emerging confluences revisited', in N. Denzin and Y. Lincoln (eds), *The SAGE Handbook of Qualitative Research*. Thousand Oaks, CA: Sage. pp. 97–128.

Lofland, J. and Lofland, L.H. (1984) *Analyzing Social Settings: A Guide to Qualitative Observation and Analysis*. Belmont, CA: Wadsworth.

Luckmann, T. and Berger, P.L. (1971) *The Social Construction of Reality: A Treatise in the Sociology of Knowledge*. Harmondsworth: Penguin.

Machin, D. and Mayr, A. (2012) *How to do Critical Discourse Analysis: A Multimodal Introduction*. Thousand Oaks, CA: Sage.

Maffesoli, M. (1989) 'The sociology of everyday life', *Current Sociology*, 37(1): 1–16.

Malta, S. (2012) 'Using online methods to interview older adults about their romantic and sexual relationships', in M. Leontowisch (ed.), *Researching Later Life and Ageing: Expanding Qualitative Research Horizons*. London: Palgrave Macmillan. pp. 146–72.

Malta, S. (2013) 'Love, sex and intimacy in new late-life romantic relationships'. PhD thesis, Swinburne University of Technology, Melbourne.

Marjoribanks, T. et al. (2013) 'Resources of belonging: assessing the consequences of media interventions', in K. Howley (ed.), *Media Interventions*. New York: Peter Lang.

Markham, A. and Buchanan, E. (2012) *Ethical Decision-making and Internet Research: Recommendations for the AoIR Ethics Working Committee* (Version 2.0), Association of Internet Researchers. Available at: http://aoir.org/reports/ethics2.pdf (accessed 5 August 2015).

Martin, E. (1991) 'The egg and the sperm: how science has constructed a romance based on stereotypical male-female roles', *Journal of Women in Culture and Society*, 16 (3): 485–501.

Mason, J. (2002) *Qualitative Researching* (2nd edition). London: Sage.

McDonald, K. (1999) *Struggles for Subjectivity: Identity, Action and Youth Experience*. Cambridge: Cambridge University Press.

Merton, V. (1993) 'The exclusion of pregnant, pregnable, and once-pregnable people (a.k.a. women) from biomedical research', *American Journal of Law & Medicine*, 4: 369–451.

Milgram, S. (1963) 'Behavioural study of obedience', *Journal of Abnormal and Social Psychology*, 67: 371–8.

Milgram, S. (1974) *Obedience to Authority: An Experimental View*. London: Tavistock.

Morley, D. (1988) 'Domestic relations: the framework of family viewing in Great Britain', in J. Lull (ed.), *World Families Watch Television*. Thousand Oaks, CA: Sage. pp. 22–48.

Mowat, H. (2013) SlutWalk or Tart Parade? The de-politicisation of third-wave feminism and sexual violence prevention in Australian newspapers'. Unpublished Honours thesis, Hawthorn, Swinburne University of Technology.

Murphy, R.F. (1990) *The Body Silent*. New York: Norton.

National Commission for the Protection of Human Subjects of Biomedical and Behavioral Research (1979) *The Belmont Report: Ethical Principles and Guidelines for the Protection of Human Subjects of Research*. Washington, DC: Department of Health and Human Services.

National Health and Medical Research Council (2007) *National Statement on Ethical Conduct in Human Research*. Canberra: National Health and Medical Research Council.

Oakley, A. (1981) 'Interviewing women: a contradiction in terms', in H. Roberts (ed.), *Doing Feminist Research*. London: Routledge.

Otta, E. (1992) 'Graffiti in the 1990s: a study of inscriptions on restroom walls', *Journal of Social Psychology*, 133 (4): 589–90.

Patton, M.Q. (1990) *Qualitative Evaluation and Research Methods*. Newbury Park, CA: Sage.

Pekmezi, D.W. and Demark-Wahnefried, W. (2011) 'Updated evidence in support of diet and exercise interventions in cancer survivors', *Acta Oncologica*, 50 (2): 167–78.

Petersen, A. (2001) 'Biofantasies: genetics and medicine in the print news media', *Social Science & Medicine*, 52 (8): 1255–68.

Pickering, C.M. et al. (2010) 'Comparing hiking, mountain biking and horse riding impacts on vegetation and soils in Australia and the United States of America', *Journal of Environmental Management*, 91: 551–62.

Plummer, K. (1995) *Telling Sexual Stories: Power, Change and Social Worlds*. London: Routledge.

Plummer, K. (2001) *Documents of Life 2: An Invitation to Critical Humanism*. London: Sage.

Reid, S.E. and Marion, J.L. (2005) 'A comparison of campfire impacts and policies in seven protected areas', *Environmental Management*, 36 (1): 48–58.

Remenyi, D., Swan, N. and Van Den Assem, B. (2011) *Ethics, Protocols and Research Ethics Committees: Successfully Obtaining Approval for Your Academic Research*. Reading UK: Academic Publishing International.

Richardson, L. (2000) 'New writing practices in qualitative research', *Sociology of Sport Journal*, 17: 5–20.

Riessman, C.K. (ed.) (1993) *Narrative Analysis* (Vol. 30). Thousand Oaks, CA: Sage.

Riessman, C.K. (2008) *Narrative Methods for the Human Sciences*. Thousand Oaks, CA: Sage.

Robinson, O.C. (2014) 'Sampling in interview-based qualitative research: a theoretical and practical guide', *Qualitative Research in Psychology*, 11 (1): 25–41.

Salmons, J. (2012) *Cases in Online Interview Research*. Thousand Oaks, CA: Sage.

Sanders, C.B. and Cuneo, C.J. (2010) 'Social reliability in qualitative team research', *Sociology*, 44 (2): 325–43.

Schatzman, L. and Strauss, A. (1991) 'Social class and modes of communication', in P. Bourdieu, J.C. Chamboredon, J.C. Passeron and B. Krais, B. (eds), *The Craft of Sociology: Epistemological Preliminaries*. Berlin: Walter de Gruyter. pp. 169–78.

Schouten, J. W. and McAlexander, J.H. (1995) 'The cultures of consumption: an ethnography of the new bikers', *Journal of Consumer Research,* 22 (1): 43–61.

Schreer, G.E. and Strichartz, J.M. (1997) 'Private restroom graffiti: an analysis of controversial social issues on two college campuses', *Psychological Reports,* 81: 1067–84.

Seidman, I.E. (1991) *Interviewing as Qualitative Research: A Guide for Researchers in Education and Social Sciences.* New York: Teachers College Press.

Seymour, W. (2013) 'In the flesh or online? Exploring qualitative research methodologies', in C. Hine (ed.), *Virtual Research Methods.* London: Sage. pp. 261–82.

Sharf, B. (1997) 'Communicating breast cancer on-line: support and empowerment on the internet', *Women & Health,* 26 (1): 65–84.

Sharf, B. (1999) 'Beyond netiquette: the ethics of doing naturalistic discourse research on the internet', in S. Jones (ed.), *Doing Internet Research: Critical Issues and Methods for Examining the Net.* Thousand Oaks, CA: Sage.

Silverman, D. (2011) *Interpreting Qualitative Data.* London: Sage.

Skeggs, B. (1994) 'Situating the production of feminist ethnography', in M. Maynard and J. Purvis (eds), *Researching Women's Lives from a Feminist Perspective.* London: Taylor and Francis. pp. 72–92.

Slepian, M.L. et al. (2014) 'Thin-slice judgements in the clinical context', *Annual Review of Clinical Psychology,* 10 (March): 131–53.

Small, M.L. (2004) *Villa Victoria: The Transformation of Social Capital in a Boston Barrio.* Chicago, IL: University of Chicago Press.

Smart, C. (2009) 'Shifting horizons: reflections on qualitative methods', *Feminist Theory,* 10 (3): 295–308.

Snee, H. (2010) 'Using blog analysis', Realities Toolkit # 10, Morgan Centre, University of Manchester. Available at http://eprints.ncrm.ac.uk/1321/2/10-toolkit-blog-analysis.pdf (last accessed 19 September 2014).

Sohrabi Haghighat, M.H. (2013) 'Australian Muslim leaders, normalisation and social integration'. Unpublished PhD thesis, Swinburne University of Technology, Melbourne.

Spaaij, R. (2011) *Sport and Social Mobility: Crossing Boundaries.* London: Routledge.

Squires, C. (2008) 'Approaches to narrative research', National Centre for Research Methods, NCRM Review Papers, February. London: Economic and Social Research Council.

Stanley, L. and Wise, S. (1990) 'Method, methodology and epistemology in feminist research process. Feminist praxis: research, theory and epistemology', in L. Stanley (ed.), *Feminist Sociology.* London: Routledge. pp. 20–62.

Stein, A. (1997) *Sex and Sensibility: Stories of a Lesbian Generation.* Berkeley and Los Angeles, CA: University of California Press.

Stewart, K. and Williams, A. (2013) 'Researching online populations: the use of online focus groups for social research', in C. Hine (ed.), *Virtual Research Methods.* London: Sage. pp. 333–54.

Tates, K. et al. (2013) 'Online focus groups as a tool to collect data in hard-to-include populations: examples from paediatric oncology', in C. Hine (ed.), *Virtual Research Methods.* London: Sage. pp. 305–18.

Taylor, H.A. (2009) 'Inclusion of women, minorities and children in clinical trials: opinions of research ethics board administrators', *Journal of Empirical Research on Human Research Ethics,* 42 (2): 65–73.

Taylor, T.L. (2013) 'Life in virtual worlds: plural existence, multimodalities, and other online research challenges', in C. Hine (ed.), *Virtual Research Methods.* London: Sage. pp. 51–64.

Tolich, M. (2004) 'Internal confidentiality: when confidentiality assurances fail relational informants', *Qualitative Sociology,* 27 (1): 101–6.

Van Dijk, T.A. (2001) 'Critical discourse analysis', in D. Schiffrin, D. Tannen and H.E. Hamilton (eds), *The Handbook of Discourse Analysis*. London: Sage. pp. 352–71.

Venkatesh, S. (2008) *Gang Leader for a Day: A Rogue Sociologist Takes to the Streets*. New York: Penguin.

Waller, V. (2001) 'The consumption of the internet in household families'. Unpublished PhD thesis, Australian National University, Canberra.

Waller, V. (2007) 'The need for institutional integrity in responsive regulation: the case of the Australian Taxation Office "walk-in"', *Law and Policy*, 29 (1): 59–83.

Waller, V. (2012) '"This big hi-tech thing": gender and the internet at home in the 1990s', *Media International Australia, Incorporating Culture & Policy*, 143: 78–88.

Waller, V. et al. (2006) 'Development of a situated information systems analysis and design methodology: a health care setting', Alicante, Spain, European and Mediterranean Conference on Information Systems.

Webb, E.J. (2000) *Unobtrusive Measures*. Thousand Oaks, CA: Sage.

Weeks, J., (1995) *Invented Moralities: Sexual Values in an Age of Uncertainty*. New York: Columbia University Press.

Weeks, J., Heaphy, B. and Donovan, C. (2001) *Same Sex Intimacies: Families of Choice and Other Life Experiments*. London: Routledge.

Wilkinson, S. (1998) 'Focus groups in feminist research: power, interaction, and the co-construction of meaning', *Women's Studies International Forum*, 21 (1): 111–25.

World Bank (2010) *World Development Report 2010*. Washington, DC: World Bank.

Yin, R.K. (1994) *Case Study Research: Design and Methods*. Thousand Oaks, CA: Sage.

Zirakbash, F. (2014) '"I was just a housewife, a dentist and a servant": the lives of professional Iranian women in Australia'. Unpublished PhD thesis, Swinburne University of Technology, Melbourne.

索 引

Adams, A 亚当斯 72

Adato, M 阿达托 105

aims of qualitative research 质性研究的目标 19-30, 29, 29-30

 judging quality of research (and) 评判研究的质量（以及）22-28

  aim of validity 有效性目标 24

  reflexivity in constructivist research 建构主义研究的反身性 27-28

  reliability and objectivity 可靠性和客观性 22-24

  validity in how data are generated 资料产生的有效性 24-26

  validity of interpretation of data 资料解释的有效性 26-27

 research 研究 20-21

  generating theory from the data 从数据资料中产生理论 20-21

  useful and ethical 有用且合乎伦理 21-22

  selection and interpretation 选择与解释 20

Alison, L J 艾莉森 124

analysis and writing 分析与写作 172-173 *see also* writing theses, reports and articles 另

参见撰写论文、报告和文章

Anderson, A 安德森 72

Angrosino, M 安格罗西诺 120

approaching qualitative research 走近质性研究 6-7

Association of Internet Researchers (AoIR) guidelines 互联网研究者协会指南 115-116

Atkinson, P 阿特金森 65

Australia (n) 澳大利亚（人）

 Bureau of Statistics (2014) 统计局 (2014) 87

 Institute of Family Studies (2014) ethical guidelines for journalists 家庭研究所 (2014) 新闻工作者伦理指南 130

 and the Internet 互联网 87

 SlutWalk marches in SlutWalk 游行 133, 134, 169-170 *see also* Mowat, H 另参见莫瓦特

AuSud Media Project AuSud 媒体项目 112, 115, 119

Babbie, E R 巴比 26

Bagnoli, A 巴格诺利 91

Bazeley, P 贝兹利 165-166, 168, 175

Becker, H S 贝克尔 69, 175

Being Different: The Autobiography of Jane Fry《与众不同：简·弗莱自传》5-6, 16

beneficence (and) 有益（以及）50-53 see also research 另参见研究

    risks to the institution 机构面临的风险 52-53

    risks to research participants 被研究者面临的风险 51-52

    risks to the researcher 研究者面临的风险 50

Berg, B L 伯格 76

Berger, P L 伯杰 12

Bernard, J 伯纳德 40

Bird, C M 伯德 175

Blaikie, N 布莱基 8

Blee, K 布利 50

Blumer, H 布卢默 18

Bochner, A 博克纳 149

Bogdan, R 波格丹 5-6, 16

Bourdieu, P 布迪厄 26

Bowker, N 鲍克 84

Bowman, D 鲍曼 49, 51

Boydell, N 博伊德尔 106

Brown, B 布朗 18

    and 'The power of vulnerability' 以及"脆弱的力量" 18

Buchanan, E 布坎南 47, 57, 115-116

Burke, H 伯克 160, 162

Busher, H 布什尔 85, 90

Butler, J 巴特勒 16

Canter, D 坎特 124

Carrington, C 卡林顿 111

Casey, M 凯西 106

Chamberlayne, P 张伯伦 147

Chang, H 常 155

Charmaz, K 卡麦兹 30

Chilton, P 奇尔顿 139

Clarke, A 克拉克 175

Clifford, J 克利福德 118-119

combining 结合 177-180

    paradigms 范式 178-179

    qualitative methods 质性方法 179-180

computer-assisted qualitative data analysis software (CAQDAS) (and) 计算机辅助质性资料分析软件（以及）168-172, 169, 170

    team-based qualitative data analysis 基于团队的质性资料分析 172

    using NVivo to refine an analysis (Box 12.5) 使用NVivo改进分析（专栏12.5）169-171

    what CAQDAS can and cannot do (Box 12.6) 计算机辅助质性资料分析软件的可能与不可能（专栏12.6）171

confidentiality 保密 48-50

    internal, and risk to participants (Box 4.1) 内部保密和参与者的风险（专栏4.1）49

    promises of 承诺 48-49

Corbin, J 科尔宾 164

索 引

Couch, D 库奇 84

Creswell, J W 克雷斯韦尔 80

Crotty, M 克罗蒂 8

Cuneo, C J 库尼奥 172

data analysis (and) 资料分析（以及）163-165 see also computer-assisted qualitative data analysis software 另参见计算机辅助质性资料分析软件

  qualitative analysis: golden rules 质性分析: 黄金法则 164-165

  quantitative research 量化研究 163-164

  team-based qualitative 基于团队的质性 172

data exploration 资料探索 165-168

  initial (aka open coding) 初始（亦称开放式编码）165-166, 166

  and refining your analysis 以及改进你的分析 167-168

  by writing memos 撰写备忘录 168

  strategy for reviewing and refining a coding scheme (Box 12.4) 检视和改进编码方案的策略（专栏 12.4）168

data management 资料管理 157-163 see also data analysis and data exploration 另参见资料分析和资料探索

  file sharing made easy: Dropbox and Basecamp (Box 12.1) 文件共享不再困难: Dropbox 和 Basecamp（专栏 12.1）159

  keeping data secure/in good working order (and) 保持资料的安全性/有序性（以及）159-163, 159

  approach to transcript notation (Box 12.2) 录音文本的注释方式（专栏 12.2）161

  ethics and transcription 伦理与转录 162-163

  preparing transcripts for analysis 录音文本的分析准备 163

  questions to ask yourself (Box 12.3) 自我询问的问题（专栏 12.3）162

  transcribing data 转录资料 160-163

  setting up computer files 设置计算机文件 158

Davis, M 戴维斯 84

Decuir, J 德克尔 10

Deegan, A 迪根 87, 90

definition/s (of) 定义 12, 100-112

  meaning of codes 编码的含义 172

  narratives (Riessman) 叙事（里斯曼）144

  validity 有效性 24

Demark-Wahnefried, W 德马克-沃纳弗雷德 11

Dempsey, D 登普西 102, 145, 150, 151-152

Denscombe, M 登斯库姆 42

Denzin, N 邓津 8, 30, 72, 91, 120

Deutsch, N 多伊奇 86

digital methods 数字化方法

  digital traces 数字痕迹 123, 125

  observation 观察 115-116

  interviews 访谈 82-90

  online focus groups 在线焦点小组 101-103

  ethics of, 伦理 48, 125-126

thematic analysis 主题分析 130-131, 133-136

Dixson, A 迪克森 10

Dowling, S 道林 85, 86, 89, 90

Dowsett, G 多塞特 145, 148, 151

Durkheim, É 涂尔干 12-13

Ellis, C 埃利斯 114, 116-117, 120, 146, 149-150

Emmison, M 艾米森 121, 122, 123, 125, 127, 128

Esterberg, K G 埃斯特伯格 165, 168

ethics 伦理 46-54, 115-117 see also subject entries 另参见主题款目
    beneficence 有益 50-53
    and confidentiality 和保密 117
    justice 公平 53-54
    research merit, integrity and competence 研究的价值、诚信和能力 53
    respect 尊重 46-50

Farquharson, K 法夸尔森 55, 68, 112, 115

Fergie, G 弗格森 106

Fielding, N 菲尔丁 102

figures 图
    notes on transcripts/print-outs (12.1) 转录文本/打印稿上的笔记 166
    screenshot: structure of nodes (12.2) 快照：节点结构 (12.2) 170 see also Waller, V 另参见沃勒

Finch, J 芬奇 39

Flyvbjerg, B 弗林夫伯格 72

focus groups (and) 焦点小组（以及）97-105 see also group interviews 另参见小组访谈
    composition of 构成 98-99
    designing moderator's guide for 设计主持人提纲 100
    example from a moderator's guide (box 7.3) 主持人提纲示例（专栏 7.3）100
    how many to conduct 数量 99
    online 在线 101-103
    recruitment for 招募 99
    role of moderator 主持人的角色 100-101
    strengths of 优势 103-104
    typical 典型 97-98
    uses for 用于 104-105

foundations of qualitative research (and) 质性研究的基础（以及）4-18
    approaching qualitative research 走近质性研究 6-7
    how to find things out 如何找到答案 15-18 see also research 另参见研究
    qualitative vs quantitative research as series of trade-offs 质性研究 VS 量化研究：权衡与取舍 5-6
    qualitative social research 质性社会研究 see subject entry 参见主题款目
    reality—can it be known? 现实——它可以被认识吗？9-12 see also reality 另参见现实
    relationship of the knower to the known 认识主体与认识对象之间的关系 12-15 see also subject entry 另参见主题款目

research paradigms—values and beliefs about research 研究范式——关于研究的价值观与信念 7-9
Fox, F E 福克斯 101, 102
Fozdar, F 福兹达尔 135
Frank, A W 弗兰克 145-146, 152, 155

Gabb, J 加布 43, 179-180
Gee, J P 吉 139
Glaser, B G 格拉泽 64-65, 66, 72, 99
Gold, R L 戈尔德 110, 111, 120
Good, B 古德 179, 180
Gray, D 格雷 122
grounded theory (Glaser and Strauss) 扎根理论（格拉泽和施特劳斯）64-65, 69, 70, 164
group interviews 小组访谈 94-97
　example of interviewee with family present (Box 7.1) 关于家人在场如何影响被访者表现的例子（专栏 7.1）95
　example of researcher interpretation when data are conflicting (Box 7.2) 研究者对资料不一致的解释示例（专栏 7.2）96
　and group dynamic 以及小组动力 95-97
Guba, E G 古巴 8, 10, 18
Gubrium, J A 古布瑞厄姆 147

Halkier, B 哈尔基耶 72
Hammersley, M 哈默斯利 57, 65
Haraway, D J 哈拉维 15, 24
Henley, N M 亨利 130

Hernandez, K 埃尔南德斯 155
Hesse-Biber, S 赫西-比伯 89, 97, 176
Hilton, S 希尔顿 106
Hitzler, R 希茨勒 14
Hodder, I 霍德 128
Holmes, M 霍姆斯 131, 136
Holstein, J F 霍尔斯坦 147
Hookway, N 霍克威 135-136, 139
Humphreys, L 汉弗莱斯 47, 52, 114

internet see digital methods 互联网参见数字化方法
interviewing (and) 访谈（以及）75-91
　anonymity and visual cues 匿名与视像之间的权衡取舍 86-87
　appropriate mode for research interviews 适合研究的访谈模式 87-88
　designing the semi-structured interview 半结构化访谈的设计 77-78
　effectively—the interview guide 有效访谈——访谈提纲 78-82
　　sample of semi-structured interview schedule (Box 6.1) 半结构化访谈清单示例（专栏 6.1）79
　　sample of structured interview schedule: extract (Box 6.2) 结构化访谈清单示例：摘录（专栏 6.2）80
　establishing rapport 建立融洽关系 88-90
　　in asynchronous email interviews 在异步电子邮件访谈中 90
　　when interviewing in immersive digital environments 在沉浸式数字环境访谈

中 90

through presentation and disclosure 通过呈现与披露 89-90

in real-time text interviews 在实时文本访谈中 90

interviewing modes, practical considerations for see subject entry 访谈模式、现实性考虑参见主题款目

structured and semi-structured interviews 结构化和半结构化访谈 75-77, 77

interviewing modes, practical considerations for 访谈模式、现实性考虑 82-86, 82

 synchronous interviews 同步访谈 83-86, 88

  asynchronous（email）异步式（电子邮件）85-86

  audio only 音频 83-84

  audio-visual 视听 83

  immersive video environments 沉浸式视频环境 84

  text-synchronous 文本-同步式 84-85

James, N 詹姆斯 85, 90

Jarrett, D 贾勒特 17

Jenkins, T M 詹金斯 128

Joyce, Y 乔伊斯 147, 149

justice 公平 21, 46, 53-54, 56

Karp, D 卡普 22

Kazmer, M M 卡兹默 86, 88

Keller, D 凯勒 14

Kirk, J 科克 26

Kirkman, M 柯克曼 146, 147, 148, 149, 153

knower and the known 认识主体与认识对象 see relationship of the knower to the known 参见认识主体与认识对象之间的关系

Krueger, R 克鲁格 106

Lacquer, T 拉科尔 11

Ladson-Billings, G 莱德森-比林斯 10

Le, R 勒 71

Leavy, P 利维 89, 97, 176

Lelkes, Y 莱尔克斯 49

LeMaster, B 勒马斯特 144

Lewins, A 勒温 171

Liamputtong, P 利安帕通 84

Liggins, J 利金斯 146-147 see also research 另参见研究

Lincoln, Y 林肯 8, 10, 16, 18, 72, 120

Lofland, J 洛夫兰 114

Lofland, L H 洛夫兰 114

Luckmann, T 拉克曼 12

Lund, F 伦德 105

Lundgren, A S 伦德格伦 91

Luther King, M 路德·金 10

McAlexander, J H 麦克亚历山大 110

McDaid, L 麦克达德 106

McDonald, K 麦克唐纳 123, 127

Machin, D 梅钦 132

McCormack, M 麦科马克 72

Maffesoli, M 马弗索利 17

making sense see analysis and writing; data

索 引

analysis; data exploration; data management *and* writing theses, reports and articles 意义构建参见分析与写作，资料分析，资料探索，资料管理以及撰写论文、报告和文章

Making Sex: *Body and Gender from the Greeks to Freud* 《制造性：从古希腊到弗洛伊德时期的身体和性别观念》11

Malta, S 马耳他 69, 84, 85, 86, 87, 89, 90

Marion, J L 玛丽昂 124

Marjoribanks, T 马乔里班克斯 55, 112

Markham, A 马卡姆 47, 57, 115-116

Martin, E 马丁 131-132

Marx, K 马克思 10

and analysis of class 阶级分析 10

Mason, J 梅森 24, 26, 31, 32, 35, 43, 167, 176

May, T 梅 18

Mayall, M 梅奥尔 128

Mayr, A 迈尔 132

Medicine, *Rationality and Experience*: *An Anthropological Perspective* 《医学、理性与经验：一个人类学的视角》179

Merton, V 默顿 54

Mhlongo, P 穆朗戈 105

Milgram, S 米尔格拉姆 51

Miller, M 米勒 26

Morley, D 莫利 95

Mowat, H 莫瓦特 133, 134, 169-170

Murphy, R F 墨菲 70

Murray, R 默里 43

narrative enquiry (and) 叙事研究（以及）143-155 *see also* stories 另参见故事

analyzing life history interviews 生活史访谈分析 150-152

sample partial case history from Dempsey (2006) (Box 11.1) 来自登普西 (2006) 个案史的部分示例（专栏 11.1) 151-152

analyzing personal narratives 个人叙事分析 152-153

autoethnography 自我民族志 146-147

constructivist case for (Richardson) 建构主义观点（理查森）154

'coming out' stories "出柜"故事 143-144

eliciting narratives through 引出叙事通过

interview-based techniques 访谈的技巧 148-149

participant-controlled techniques 对参与者的控制技巧 149-150

evaluating narrative inquiry 评估叙事研究 153-154

life history 生活史 145

personal narrative 个人叙事 145-146

Newton, I 牛顿 4

Ngunjiri, F 恩吉里 155

NVivo computer program NVivo 计算机程序 168, 169-170, *170*

Oakley, A 奥克利 76, 91

observing people (and) 观察人（以及）109-120

collecting the data 收集资料 117-119, 118

definitions of types of observation 观察类型的定义 110-112

ethical issues and disclosure of researcher status 伦理问题和研究身份披露 115-117

gaining permission for the research 获得研究许可 113-115

  paradigms and participant observation (Box 8.1) 范式与参与观察（专栏8.1）112-113

types of research question 研究问题的类型 112

observing texts (and) 观察文本（以及）129-139

  doing a discourse analysis 使用话语分析 137-138

  doing a thematic analysis 使用主题分析 136-137, 137

  locating and sampling texts (and) 查找文本和抽样（以及）133-136

    blogs 博客 134-136

    sampling for textual analysis (Box 10.1) 文本分析的抽样（专栏10.1）134

  sexual assault crime: ethical guidelines for journalists 性侵犯罪：媒体工作者伦理指南 129-130

  thematic and discourse analysis: similarities and differences 主题分析和话语分析：异同之处 see subject entry 另参见主题款目

observing things (and) 观察事物（以及）121-128

accretion measures 累积测量 122-123

  analyzing graffiti (Box 9.1) 分析涂鸦（专栏9.1）123

  digital traces 数字痕迹 123

advantages of studying physical traces 物理痕迹研究的优点 125

analyzing physical traces 分析物理痕迹 127

disadvantages of studying physical traces 物理痕迹研究的缺点 125-126

erosion measures 耗损测量 124

  forensic science (Box 9.2) 法医学（专栏9.2）124

physical traces 物理痕迹 121-122

online methods see digital methods 在线方法 参见数字化方法

Otta, E 奥塔 123

Patton, M Q 巴顿 30, 112, 116, 120

Pedersen, A 佩德森 135

Pekmezi, D W 佩克默齐 11

people see observing people 人 参见观察人

Petersen, A 彼得森 132

Plummer, K 普卢默 143, 144, 145, 147, 148, 153, 155

Pocknee, C 保克尼 106

politics and ethics of qualitative research 质性研究的政治和伦理 45-57 see also ethics 另参见伦理

politics in research (and) 研究中的政治 54-56

  funding 研究资助 55-56

索引

reporting research findings 报告研究结果 56

the researcher and the researched 研究者与被研究者 54-55

training and research participation（Box 4.2）培训和研究参与（专栏4.2）55

Pryce, J 普赖斯 18

qualitative vs quantitative research as series of trade-offs 质性研究 VS 量化研究的一系列权衡与取舍 5-6

qualitative research questions 质性研究问题 34-35

qualitative social research 质性社会研究 4

and looking beyond taken-for-granted reality（Box 1.1）超越显而易见和理所当然的现实（专栏1.1）4

quantitative research questions 量化研究问题 35

reality 现实 9-12

constructivist view of 建构主义观点 11-12

criticalist view of 批判主义观点 10-11

positivist view of 实证主义观点 9

post-positivist view of 后实证主义观点 9-10

Reid, S E 里德 124

relationship of the knower to the known 认识主体与认识对象之间的关系 12-15

constructivist—research as 'non-innocent conversation' 建构主义——研究作为"非朴素的对话" 14-15

criticalist—researcher as advocate 批判主义——作为倡导者的研究者 13-14

positivist and post-positivist—the dispassionate researcher 实证主义和后实证主义——冷静的研究者 12-13

and Durkheim, É 和涂尔干 12-13

Remenyi, D 雷米伊 51

the research *see* sampling 研究参见抽样

research（and）研究（以及）15-17

confidentiality 保密 117

constructivist 建构主义 17, 18

criticalist 批判主义 16-17, 18

ethics 伦理 115-117

merit, integrity and competence 价值、诚信和能力 53

in observational studies 在观察研究中 116

positivist and post-positivist 实证主义和后实证主义 16, 18

respect, beneficence, research merit and justice 尊重、有益、研究价值和公平 46-50 *see also* ethics 另参见伦理

risks to the institution, research participants and researchers 机构、被研究者和研究者面临的风险 50-53

unobtrusive 非干扰的 122

research（on）研究（关于）

healing capacities of acute care mental health facilities（Liggins, 2013）精神病急性护理环境的康复功能 146-147

how Australians experience morality in their everyday lives（Hookway, 2008）澳大利亚人在日常生活中的道德体验 135-136

researcher's questions 研究者的问题 73-106
 see also focus groups and group interviews and interviewing 另参见焦点小组和小组访谈以及访谈
respect 尊重 46-50 see also confidentiality; Humphreys, L and studies 另参见保密、汉弗莱斯以及研究
 grey areas for 灰色区域 47-48
 online 在线 47-48
Richardson, L 理查森 154
Riessman, C 里斯曼 144, 147, 148, 149, 152, 153-154, 155
Robinson, O C 鲁宾逊 67

Salmons, J 萨蒙斯 84, 89, 90
sampling (and) 抽样（以及）61-72
 convenience 方便 68
 generalizability 可推广性 69
 hard-to-reach populations and research ethics 不易接触人群和研究伦理 71
 peer-nominated reputational snowball (Box 5.1) 同行提名声望滚雪球法（专栏 5.1）68
 a population 总体 62
 process of 过程 62
 purposive 目的 67-68
 recruitment strategies 招募策略 69
 sample size 样本量 70-71
 snowball 滚雪球 66-67
 theoretical 理论 64, 66
 theory, starting with 从理论开始 63-64
 theory, starting without 没有理论的开始

 64-66
Sanders, C B 桑德斯 172
Schatzman, L 沙兹曼 28
Schouten, J W 斯考滕 110
Schreer, G E 施里尔 123
Schroeder, R 施罗德 128
Seidman, I E 塞德曼 70
Sex and Sensibility《性与情感》145
Seymour, W 西摩 86
Sharf, B 沙夫 47-48, 114
Shenton, A 申顿 30
Silver, C 西尔弗 171
Silverman, D 西尔弗曼 26, 27
Skeggs, B 斯凯格斯 8
Slepian, M L 斯莱皮恩 89
Small, M L 斯莫尔 114
Smart, C 斯马特 9
Smith, P 史密斯 128
Snee, H 斯尼 139
social media see digital methods 社交媒体参见数字化方法
Sohrabi, H 索哈比 67
Spaaij, R 斯帕伊 114
Spencer, R 斯潘塞 18
Squires, C 斯夸尔斯 145, 148, 152
Stanley, L 斯坦利 63
Stein, A 斯坦 145, 147, 154
Stephens, C 斯蒂芬斯 155
Stewart, K 斯图尔特 102
story/ies 故事 64-65, 69, 70, 144-155, 164, 173
 'coming out'"出柜" 143-144

索 引

　　of six blind men and the elephant 六个盲人和大象 23-24, 28
Strauss, A L 施特劳斯 28, 64-65, 66, 72, 99, 164
Strichartz, J M 斯特里查兹 123
studies (of/on) 研究（关于）
　　biker culture (Schouten and McAlexander, 1995) 摩托车手文化 110
　　domestic labour in same-sex households (Carrington, 1999) 同性家庭家务劳动 111
　　entrepreneurs and their spouses (Bowman, 2007, 2009) 企业家和配偶 49
　　graffiti (McDonald, 1999) 涂鸦 127
　　health and tobacco control policy elites in Australia (Farquharson, 2005) 健康和烟草控制领域的政策精英 68
　　illicit drug-smuggling (Le, 2015) 非法毒品走私 71
　　infertility in women (Kirkman, 2001) 女性不孕症 146, 147
　　men in tearooms (Humphreys, 1972) 茶室里的男性 47, 52
　　obedience (Milgram, 1974) 服从 51
　　unannounced visits to car dealers (Waller, 2007) 对汽车经销商的突击走访 111

tables 表格
　　amount of structure in the observational protocol 观察方案的结构化程度 118
　　codes to themes 从编码到主题 137
　　defining aspects of paradigms for everyday decision in qualitative research 界定研究范式特征以进行质性研究的日常决策 29-30
　　modes of interviewing 访谈模式 82
　　participant attributes—extract from sample file 参与者属性——摘自示例文件 159
　　popular computer-assisted data analysis software packages and websites 流行的计算机辅助质性资料分析软件包及其网站 169
　　typical amount of structure in an interview 访谈的典型结构化特征 77
　　underlying philosophical differences in research 研究的潜在哲学基础 29
Tate, W 泰特 10
Tates, K 塔兹 102, 103
Taylor, H A 泰勒 54
Taylor, T L 泰勒 87, 90
texts 文本 see observing texts 参见观察文本
thematic and discourse analysis: similarities and differences 主题分析和话语分析：异同之处 130-133
　　critical discourse analysis 批判性话语分析 132-133
　　discourse analysis 话语分析 131-132
　　　　carrying out a 实施 137-138
　　　　questions for 问题 138
　　　　source material for 材料来源 133
　　thematic analysis 主题分析 130-131
　　　　carrying out a 实施 136-137, 137
things 事物 see observing things 参见观察

事物

Tolich, M 托利希 49, 51, 57

from topic to research design 从主题到研究设计 31-43

    linking research questions to methods 将研究问题与方法联系起来 40-41

    research proposal 研究计划书 41-42

        sample（Box 3.3）示例（专栏 3.3）41-42

    role of literature in developing research questions（and）文献在研究问题设计中的作用（以及）36-40

        sample literature review paragraph（Box 3.2）文献综述示范段落（专栏 3.2）39-40

        writing a literature review 撰写文献综述 39-40

    timely and feasible research 及时和可行的研究 32-33

    topics and questions 主题和问题 33-36

        developing good qualitative research questions 提出合适的质性研究问题 33-36

        two research questions developed by students（Box 3.1）由学生设计的两个研究问题（专栏 3.1）34-35

Traianou, A 特拉亚努 57

Tuffin, K 塔芬 84

Turney, L 特尼 106

Van Dijk, T A 范·迪克 132

Venkatesh, S 文卡特斯 50

Waller, V 沃勒 14, 77, 83, 94-96, 100, 111, 119

    and thesis on home Internet use 关于家庭互联网使用的论文 170

Walsh, J 沃尔什 18

Warr, D J 沃尔 106

Webb, E J 韦布 122, 124, 127, 128

Weeks, J 威克斯 64

Wilkinson, S 威尔金森 101

Williams, A 威廉姆斯 102

Williams, M 威廉姆斯 18

Wise, S 怀斯 63

Wodak, R 沃达克 139

Women's Liberation Movement 妇女解放运动 145

The Wounded Storyteller《受伤的故事讲述者》145, 155

writing theses, reports and articles 撰写论文、报告和文章 173-175

    conventional approach to（Box 12.7）传统模式（专栏 12.7）174

Xie, B 谢 86, 88

Yin, R K 殷 63-64, 69

Zirakbash, F 兹瑞卡拜什 70

译后记

在市面上诸多介绍质性研究方法的图书中，这本由维维恩·沃勒、卡伦·法夸尔森和德博拉·登普西三位女性学者共同完成的著作无疑有着自己的鲜明特色。进行质性社会研究是否存在一种最佳的路径和方法？从这一问题出发，本书作者力图向读者揭示价值观与信念如何影响研究者做出的选择。同样，研究者以何种方式去探究一个研究议题也反映一种看待社会现实的哲学立场。因此，追求一种绝对完美的研究方法注定是徒劳无功的。基于这样的核心思想，三位学者倡导研究者在构思、准备和开展质性研究的过程中始终保持反思精神，从而使研究采取的路径和方法能够契合于自己在特定议题上所持有的价值主张。在篇章结构上，本书的内容组织也体现出了女性学者的细腻。基于时间和范式两条"纵横交织"的主题线，三位作者以精练的文字向读者全面介绍了质性研究不同阶段所涉及的主要议题和事项，并从实证主义、后实证主义、批判主义和建构主义等主要范式出发做了进一步的阐释。从某种意义上说，这既是一本关于质性研究方法论的理论书，也是一本可以为质性研究实践提供直接指引的工具书。相信读者可以从本书提供的理论框架、实践指南、研究工具以及研究实例中获得关于质性研究活动的立体认识。

本书的翻译工作均由译者独立完成。翻译的过程是一个挑战与乐趣并存的过程，更是一次十分宝贵的学习经历。感谢风笑天教授的引荐和指导，感谢中国人民大学出版社的盛杰编辑全程给予的耐心支持。尽管译者为向读者呈现一本高质量的中文译本做了最大的努力，但由于学识所限，其中难免存在错漏之处，敬请读者批评指正。

刘婷婷

2020 年 10 月

Qualitative Social Research: Contemporary Methods for the Digital Age by Vivienne Waller, Karen Farquharson, and Deborah Dempsey.

English language edition published by SAGE Publications of London, Thousand Oaks, New Delhi and Singapore, © Vivienne Waller, Karen Farquharson, and Deborah Dempsey 2016.

Simplified Chinese edition © 2021 by China Renmin University Press.

All Rights Reserved. No part of this book may be reproduced or utilized in any form or by any means, electronic or mechanical, including photocopying, recording, or by any information storage and retrieval system, without permission in writing from the publisher.

图书在版编目（CIP）数据

如何理解质性研究／（澳）维维恩·沃勒
（Vivienne Waller），（澳）卡伦·法夸尔森
（Karen Farquharson），（澳）德博拉·登普西
（Deborah Dempsey）著；刘婷婷译.――北京：中国人
民大学出版社，2021.8
（社会科学研究方法系列丛书）
ISBN 978-7-300-29746-0

Ⅰ.①如… Ⅱ.①维…②卡…③德…④刘… Ⅲ.
①社会科学-研究方法 Ⅳ.①C3

中国版本图书馆 CIP 数据核字（2021）第 159540 号

社会科学研究方法系列丛书
如何理解质性研究
　　维维恩·沃勒（Vivienne Waller）
［澳］卡伦·法夸尔森（Karen Farquharson）　著
　　德博拉·登普西（Deborah Dempsey）
刘婷婷　译
Ruhe Lijie Zhixing Yanjiu

出版发行	中国人民大学出版社			
社　　址	北京中关村大街 31 号		邮政编码	100080
电　　话	010-62511242（总编室）		010-62511770（质管部）	
	010-82501766（邮购部）		010-62514148（门市部）	
	010-62515195（发行公司）		010-62515275（盗版举报）	
网　　址	http://www.crup.com.cn			
经　　销	新华书店			
印　　刷	北京宏伟双华印刷有限公司			
规　　格	170 mm×240 mm　16 开本		版　次	2021 年 8 月第 1 版
印　　张	15.5 插页 1		印　次	2022 年 5 月第 2 次印刷
字　　数	219 000		定　价	59.00 元

版权所有　侵权必究　印装差错　负责调换